数学的な授業を創る

齊藤一弥
SAITO KAZUYA

東洋館出版社

JN102277

はじめに

令和2年4月から、小学校では新しい学習指導要領に基づく教育課程が始まりました。資質・能力ベイスによる新基準によって、次代を生きる子どもの育成を目指すという理念の実現への第一歩がスタートしました。このような転換期に、昨年の初めから新型コロナウイルスが猛威を振るい、多くの人が命を落とすなど、世界中が未曾有の危機に直面しています。学校教育も様々な制約を受けて、厳しい環境の中で教育活動に取り組まねばならない状況が続いています。これまでとは異なる学びの様式も必要とされ、学校教育がさらに多くの課題を抱えるといった状態に追い込まれています。

しかし、このような状況下においても、子どもたちにとって価値ある学びづくりを止めることがあってはいけません。今だからこそ、新しい教育課程の実現に向けて、私たち教師は一丸となって学び続けていく必要があるのではないかと思います。

資質・能力ベイスの教育では、**子どもを「何を知っているか」から「どのようなことが**

成し遂げられるか」「いかなる問題解決ができるか」という視点から見つめ直すことになり、これまでの内容ベイスでの学びからの転換を求めています。

当然のことながら、このような転換を可能にするには、子どもに身に付ける力を教科固有の知識・技能の習得にとどめることなく、教科ならではの見方・考え方や未知の特定のコンテクストに出会ったときに活用できる思考力・判断力・表現力等を期待するとともに、粘り強く課題解決に向かう意欲や他者との協働性などまでを含めた汎用性の高いスキルの育成を目指していく必要があります。今、教科指導が目指すゴールに対する考え方の大幅な拡張と、それを実現するカリキュラム・マネジメントの更新が求められていると言えるでしょう。

今回の学習指導要領では、中教審算数・数学ワーキンググループ委員および学習指導要領等の改善に係る検討に必要な専門的作業等協力者として、小学校算数科の改訂にかかわらせていただきました。そこで学ばせていただいた多くの知見を踏まえて、横浜市小学校算数教育研究会のセミナーや全国各地での授業研究会、さらにはコロナ禍でのオンラインによる研究会等でお話しさせていただいた具体事例をもとにして、本書では、これからの資質・能力ベイスでの新しい算数教育に必要なことは何か、いかに授業改善していけばいいのかについて解説していきます。「内容ベイスから資質・能力ベイスの授業へ」「数学的な見方・考え方を働かせ、数学的活動を通して、数学的に考える資質・能力を育てる授業」といった学習指導要領の主旨は、一見わかりづらく、実現しづらいと思われるかもしれません。しかし、ここを丁寧に読み解いていけば、皆さんの算数授業が劇的に変わります。そして、何よりも子どもに身に付く資質・能力も大きく変わるはずです。

今、世界は急速かつ予測不可能なほど流動的に変化しています。このような時代を切り拓きながら生き抜く子どもを育てていくために、私たち教師がいかに数学的な授業を創るべきかを一緒に考えていきましょう。本書が皆さんの授業改善に少しでもお役に立てれば幸いです。

最後になりましたが、本書の出版にあたっては、横浜市小学校算数教育研究会の先輩および会員諸氏、授業研究会等でご一緒した高知県、山形県、静岡県などの多くの先生方から事例提供をはじめとするご協力・ご支援をいただきました。また、東洋館出版社の畑中潤氏には本書の企画・構想段階から大変お世話になりました。ここに記して感謝申し上げます。

齊藤 一弥

目次

第４章

関数指導を考える

第1章

教科目標が目指す算数の授業を創る

授業改善の方向性を確認する

平成29年版小学校学習指導要領では、新たな領域が新設されたりはしましたが、内容や時数の増減はほとんどありませんでした。令和2年版の教科書もこれまでの構成と比べて大きく変わっていません。

その影響もあって、「授業もこれまでとあまり変わらなくてもよいのではないか」と思われてはいないでしょうか。また、内容ベイスから資質・能力ベイスへと授業づくりの方針が大きく転換したことに対して、どの程度関心をもたれているでしょうか。

まず、これからの算数教育において、どのような授業が期待されているのかを確認したいと思います。『小学校学習指導要領（平成29年告示）解説 算数編』（以下、解説・322頁参照）には次のように書かれています。

単元など内容や時間のまとまりを見通して、その中で育む資質・能力の育成に向けて、数学的活動を通して、児童の主体的・対話的で深い学びの実現を図るようにする。その際、数学的な見方・考え方を働かせながら、日常の事象を数理的に捉え、算数の問題を見いだし、問題を自立的、協働的に解決し、学習の過程を振り返り、概念を形成するなどの学習の充実を図る。（傍線筆者）

これだけを読んでも、授業づくりについてあまりイメージが湧かないかもしれませんので、傍線部分に注目して解説をつけ加えてみます。

これからの授業で大切にすべきこととして、まず一つ目は、**「与えられた事象の中から事象を数理的に見る目を育てる」**、そして**「算数の問題を子ども自らがつくれるようにする」**ことと読み取ることができます。

これまでの授業では、算数の問題として教科書に用意された課題をそのまま先生の方から提示することが多かったように思います。その結果、子どもたちも問題というのは、先生が示してくれるものだと考えるようになっていったのではないでしょうか。ここを変えることに、授業改善の一つの足掛かりがあると思います。

こちらで問題を用意してそれを提示してきたことで、子どもたちに日常事象や算数の事象の中にいかなる問題が内在しているのかを見いだす力を十分に育ててこなかったように思います。それは、これまで行われてきた全国学力・学習状況調査（以下、学力テスト）のB問題（現在はA問題・B問題の区別はない）の結果を見ても明らかです。

多くの子どもがB問題という「未知の文脈で用意された問題」に直面した際に、解決の糸口を見いだすことが難しかったわけです。なぜなら、そのような経験が少なかったからです。未知なる文脈の問題をどのような角度から眺めれば数理的に捉えることができて、数理的に捉えたことをどのように整理して、場合によっては並び替えをすれば、そこに算数という問題をつくることができるかがわからなかったわけです。

このような算数・数学の問題解決過程の大切な営みを経験していくことの重要性を、今回の学習指導要領では示しているわけです。

もう一つが、**「学習過程の振り返り」**です。これは、授業の最後に「感想などをノートに書きましょう」ということではありません。ここでいう振り返りとは、**子どもが今日の授業で取り組んできたことの価値を自覚して学びを次につなげていくこと**です。思考したり表現・処理したりしたことの意味や価値を認識することで、今まで見えなかった新たな価値を見いだしたり、概念などをより確かなものにしたりしていくということです。

そして、そのいずれにおいても、子ども自らが**数学的な見方・考え方を働かせること**が大切になります。見方・考え方を働かせるとは、子どもが算数の眼鏡をかけて学習に取り組むことであり、その見方・考え方は、常に新たなものが見える眼鏡にかけ直していくように成長していくものであって、教師はそれを支えていくということです。

例えば、図形における見方という眼鏡をかけると、それまで基本図形の構成要素である辺の長さに着目していた子どもが、それらの位置関係に目を向けて平行・垂直に着目したり、さらには図形間の関係にまで視野を広げて合同や対称に関心をもったりしていくといった具合です。

考え方という眼鏡をかけると、ものの形しか見ていなかった1年生の子どもが、図形の性質や構成を学びながら見方・考え方を成長させていき、6年生になると縮図・拡大図、対称といった図形間の関係に学びを広げて、図形の概念や性質を多面的・多角的に考察していくようになるということです。

このとき、教師にとって大切なことは、算数の眼鏡をかけて学ぶ子どもに、学習対象の何に着目させるのか、またどのように学習対象と数学らしく付き合っていくべきかを意識しながら指導することです。

「4年生の図形でどんなことを勉強しますか」と問われたときに、「平行四辺形、ひし形、台形または直方体や立方体を取り扱う」ではなく、「平行・垂直の概念を形成する」「構成要素の位置関係の理解を深める」、さらには「平行・垂直の視点から基本図形の性質を考察する」と答えられることです。そして、その学習で扱う基本図形が、平行四辺形、ひし形、台形であり、空間の面および辺の関係であれば直方体であり、立方体となるわけです。

このように考えていければ、先生方は常に一貫して図形の概念・性質そして構成の仕方を指導することができ、また子どもたちも学習対象を見る目が磨かれて、見方を働かせやすくなり、さらには学習対象との付き合い方も数学らしくなっていくはずです。

これからの授業で大切なこと

与えられた事象の中から事象を数理的に見る目を育てる

算数の問題を子ども自らがつくれるようにする

子どもが今日の授業で取り組んできたことの価値を自覚すること

数学的な見方・考え方を働かせること

授業改善に必要な三つのポイント

さて、改めてここでこれからの授業づくりに必要なこと、いかに授業改善を進めていけばよいのか、そのポイントを確認します。

ポイントは三つあります。

一つ目は、**授業のゴールイメージを問い直す**ことです。

資質・能力ベイスの授業づくりでまず考えるべきことは、ゴールをいかに描くかです。これまでのゴールイメージを問い直すことです。

これまでの内容ベイスの授業では、まずは指導内容を押さえることが始発点であり、そこに主眼が置かれていました。教えるべき内容を押さえ、授業の最後に「**何がわかったのか、明らかになったのか**」をまとめ、それを適用問題で確認していくことが大切とされました。

しかし、資質・能力ベイスの授業においては、「**何ができるようになったか**」という資質・能力の確認が始発点になります。授業を通して思考・判断・表現してきたことを省察（リフレクト）して学びの成果を自覚することが、授業のゴールとして期待されています。

これまでの学習で身に付けてきたことはどのようなことで、それに対して自分は新たにどのような見方ができるようになったかを振り返り、それを発達段階に応じて子どもが自覚するとともに次なる学びというものを見通すことです。**学びを「振り返り（振り返り的省察）」つつ、次なる学びを「見通す（見通し的省察）」わけです。**G．ポリアが『How to Solve It?（いかにして問題をとくか？）』において指摘した“Looking Back”の重要性が、今改めて問われているのだと思います。

では、この省察による学びの成果の自覚は、授業の終末時にのみ行われるものでしょうか。

授業の導入においても「おお、そうか。このように問題を見つめれば解けるようになるな」ということが起こります。このことは、事象を数理的に捉え数学の問題を見いだすという数学化のことを意味しますが、そのような学びから得た気付きや発見といった行為は授業のいたるところで行われるはずです。その都度、教師も「いいところに目をつけたな、なるほどね」、そして、子どもも「先生、この前もそうだったね」「確かに、毎回そこに目をつけていけばいいんだよね」といったやり取りを通して、何ができるようになったかを子ども自身が自覚していくことを明示的に指導していくことが大切になります。

まとめや振り返りはいつも授業の最後のみにあるのではなく、授業によって様々な局面で確認していくことが必要だと言えます。

二つ目は、**数学的活動を資質・能力で分析する**ことです。

これまで算数の授業は問題解決学習で構成されてきました。課題提示、自力解決、共同思考、適用・発展という問題解決の型が授業展開として重視されてきました。これ自体はとても大切なプロセスであり、これからの算数の授業づくりにおいても重視していかねばなりません。しかし、先述の通りこれまでの授業展開に加え、より数学らしい問題解決の過程を求めていく必要があります。

まずは、学習対象としての事象に内在する課題を数理的に見いだして、それを解決するために必要なことは何かということを子ども自身が確認しなければなりません。未知の文脈が与えられたときに、これを解決するには何が必要か、何を問うべきなのかを見極めることです。そして、学習過程で思考したり判断したり、また表現・処理したりしたことの価値を実感して、それを活用していくことが期待されています。

これらは、今回の学習指導要領で重視されている数学的活動に位置付けられており、それを子どもが推し進めていくことが求められています。つまり、数学的活動そのものが子どもの資質・能力として重視されているわけです。単なる活動で片付けてしまうのではなく、数学的活動によって育成する資質・能力から活動の在り方を捉え直すことが大切です。これについては、次節で詳しく述べていきます。

三つ目は、**数学的な見方・考え方を鍛える**ことです。

今回の学習指導要領改訂に先立って行われていた文部科学省の「育成すべき資質・能力を踏まえた教育目標・内容と評価の在り方に関する検討会」において、これからの学力の捉え方が話題になりました。教科を横断するコンピテンシーと、その対極にある教科固有の知識や技能をつないでいくのが見方・考え方であり、これが教科の本質という認識です。このことによって資質・能力ベイスの授業を支えていくものとして見方・考え方がクローズアップされていくことになりました。

見方というのは、**身に付ける知識や技能を統合・包括するような概念**です。図形で言えば「構成要素」や「その位置関係」などが概念に当たります。

考え方というのは、**教科ならではの認識や思考、表現の方法**です。算数・数学で言えば、「論理」「統合」「発展」がそれに当たります。根拠を明らかにして筋道立てて考え、今までやってきた問題をもう一度見つめ直して束ねてみる、そしてさらに広げてその先を考えるということになるでしょう。これによって算数・数学らしく学んでいくことができるというわけです。

この見方・考え方は、学年が上がるにつれて思考力や判断力、そして表現力の質が高まっていくのと連動しながら成長していきます。教師は子どもの見方・考え方を鍛え、それによって子ども自身が見方・考え方を確実に働かせていけるようにします。つまり、学習の主体が子どもであることを再確認した上で、子ども自らが算数の学びを切り拓いていくことを期待しているのです。子どもが自らの算数の眼鏡で事象を眺めて問題を見いだし、算数特有の思考・判断、そして表現によって学び進むためには、数学的な見方・考え方を鍛えていくほかありません。

未知の文脈に直面したとき、何に着眼してよいのかがわからない子どもはずっと文脈を眺めているだけです。例えば、等積変形して求積する場面で「ハサミを使って切ってごらん」と助言しても、どのような問題が内在しているかがわからないから子どもはどこを切ればいいかわからず戸惑うだけです。思考対象を見極めて自分事として問題解決に関われないわけです。数学的活動において数学的な見方・考え方の必要性、働き、よさなどを明示的に指導することによって、それを鍛えていくことが大切です。

教科の本質としての**見方・考え方は、教科固有の知識、総合的な理解を深めるとともに知識の活性化をも強く促します。**そして、さらには**汎用的スキルを教科指導と強く関連付けながら教科の本質を追究していく姿勢を後押ししていきます。**

例えば、算数で学んだ多面的・多角的な思考が社会科の学習においても活躍するし、条件設定しながら比較・検討した経験が理科の学習をより深いものにしていくことになります。資質・能力が教科の枠を超えて生きて働いていくわけです。見方・考え方を磨くとは、算数・数学らしい目のつけどころと数学らしい追究姿勢を育てていくことであり、これからの算数の授業をつくるために必要になるわけです。

この三つのポイントをつなげてみると、まずは、資質・能力ベイスのゴールを明確にして、その育成へ向けて算数らしく学ぶこと、つまり数学的活動を着実に遂行することが大切であるということです。

そして、子どもが主体的に数学的活動に取り組んでいくために、どのような算数の眼鏡をかけて、算数らしくいかに思考、判断をして、どのように表現ができるかを見極めることが肝要になります。

また、この三つはすべて数学的な見方・考え方によってつながっています。まず、**子どもが有する見方・考え方を顕在化させること**、そして**数学的活動において見方・考え方を明示的に指導することでそれを成長させること**、さらに**一段成長した見方・考え方で子どもに何ができるようになったのかという資質・能力を自覚させていくこと**といった具合です。

このことが算数科の教科目標の柱書に示された授業づくりの基本であり、常に意識していくべき大事なことだと言えます。

授業改善に必要なポイント

授業のゴールイメージを問い直す

何ができるようになったか
見方・考え方の成長

数学的活動を資質・能力で分析する

解決するために何が必要か見極める
見方・考え方の明示的指導

数学的な見方・考え方を鍛える

見　方：身に付ける知識や技能を統合・包括するような概念
考え方：教科ならではの認識や思考、表現の方法

数学的活動を創る

今回の学習指導要領改訂では小学校算数科、中学校数学科、そして高等学校数学科で共通の学びの過程として数学的活動が位置付けられました。この数学的活動はこれからの算数の授業をどのように変えていくのでしょうか。

本章では、数学的活動とは何かについて、次の五つの視点から詳述します。

数学的活動の三つの顔

プロセスとしての価値への注目

数学的な見方・考え方との互恵的関係

数学的活動によって描く学び

数学的活動を支える四つの「S」

数学的活動の三つの顔

数学的活動は三つの顔をもっています。それは、「**目標**」と「**内容**」、そして「**方法**」の三つです。

資質・能力ベイスの目指すべきゴールとしての「目標」、算数らしい学習としての「内容」、算数の学習活動を価値あるものに描くための「方法」という三つの側面です。解説（72頁参照）では数学的活動について次のように位置付けています。

数学的活動は、数学を学ぶための**方法**であるとともに、数学的活動をすること自体を学ぶという意味で**内容**でもある。また、その後の学習や日常生活などにおいて、数学的活動をいかすことができるようにすることを目指しているという意味で、数学的活動は数学を学ぶ**目標**でもある。それらのバランスを取りつつ、各領域の学習やそれらを相互に関連付けた学習において、数学的活動の楽しさを実感できるようにすることで、数学的に考える資質・能力を確かに育むことが期待される（太字筆者）。

このように、三つの側面から捉えていてそのすべてが重要です。数学的活動という言葉の印象から、またこれまでの算数的活動との関連から、学習活動としての側面のみに捉えられてしまいがちですが、そうではありません。

まず、「**目標**」という視点から確認します。

教科目標の柱書には、「数学的な見方・考え方を働かせ、数学的活動を通して、数学的に考える資質・能力を次のとおり育成することを目指す」とあります。資質・能力の育成を「数学的活動を通して」目指していくことがわかります。日々の算数の授業を可能な限り数学的活動という営みによって進めていこうということです。子どもが数学的な見方・考え方を働かせて数学的活動に取り組むわけですが、このことは数学的活動そのものを学ぶということにもなります。

このように考えると、改めて柱書を正しく捉えることが大切だとわかります。前掲した柱書には三つのM（Mathematical＝数学的）が出てきますが、まずは、数学的な見方・考え方の捉えを明確にすることが欠かせません。次に、数学的活動においては、数学的な見方・考え方の成長に向けてその必要性や働き、よさ等を明示的に指導することが肝要でしょう。そして数学的な見方・考え方が成長することが数学的に考える資質・能力を育成

柱書に示された内容 ３Mの実現

見方

考え方

見方・考え方の明確化

数学的活動を推進する見方・考え方が意識されているか

数学的活動の充実

見方・考え方の明示的指導の充実

数学らしいプロセスとしての数学的活動が組織されているか

資質・能力の育成

見方・考え方の成長との関連

資質・能力ベイスの学びのゴールが明確であるか

させていることにつながるということです。

数学的活動を推し進める数学的な見方・考え方を、教師が意識しながら指導しているでしょうか。子どもが潜在的に有する数学的な見方・考え方に関心をもって、学習対象に対する着眼点と、そこに関わっていく追究姿勢が備わっているかどうかをはっきりさせていくことです。そして、それを子どもが働かせることができるように、数学らしい学びの過程としての数学的活動を組織することができているでしょうか。授業のゴールで「何ができるようになってほしいのか」を明確にして、「そのためにはいかに数学らしく学ばせるのか」といった具合にです。資質・能力ベイスの学びのゴールを数学的な見方・考え方の成長とつなげて確認しているでしょうか。

このように、三者の密接な関係を確認することがとても重要です。

続いて、「内容」についてです。

平成10年の学習指導要領の改訂において、算数的活動は「児童が目的意識をもって取り組む算数にかかわりのある様々な活動」と小学校算数科独自に位置付けられ、「作業的・体験的な活動など手や身体を使った外的な活動」と「思考活動などの内的な活動」の両面から整理されました。これに対し、今回の数学的活動は、「日常の事象から見いだした問題を解決する活動」「算数の学習場面から見いだした問題を解決する活動」、そして「数学的に表現し伝え合う活動」として解説に明記されています。

具体的には、四つの内容が学年ごとに分けられて記載されています。また、下学年に「数量や図形を見いだし、進んで関わる活動」が入っていますが、これは子どもが算数の世界に入る前に、算数そのものに関わっていく活動を重視し、それを活動として丁寧に指導するという主旨で位置付けられたものです。

解説（75頁参照）の数学的活動一覧では、「内容」が1年生、2・3年生、4・5年生、6年生の四つの学年バンドで整理されています。これは学年が進むにつれて、数学的活動の「内容」がグレーディングされていることを意味しています。

1年生は幼保小との接続、6年生は中学校1年生との接続を図りながら、数学的活動そのものも「内容」として、思考・判断・表現力と同じように、学年が上がるにつれて進化・発展していくことを示しています。それぞれの発達段階に応じて、どのような数学的活動を組織していくべきかを考えていくことが期待されているのです。

最後に、**「方法」**についてです。

解説の中では、「数学的活動は、基礎的・基本的な知識及び技能を確実に身に付けたり、思考力、判断力、表現力等を高めたり、算数を学ぶことの楽しさや意義を実感したりするために、重要な役割を果たす」と書かれています。

具体的には、次に示す五つの視点から「方法」としての意味を確認していくことが必要です。

一つ目は、**数学的活動を通して授業をする**ことです。

これまでは「今日は算数的活動に取り組むが、明日は計算練習にしよう」といったような、算数の授業に棲み分けがあったように思われます。これからは、日々の算数の授業は数学的活動によって行われるようにすることが大切になります。

二つ目は、**数学的活動を楽しむ**ことです。

数学的活動の楽しさとは、子どもが算数の問題を見いだし、自立的・協働的に問題を解決する過程を推し進めるという数学的活動それ自体を楽しむということです。ただ単に活動自体が楽しいといったことではなく、仲間との協働によって問題解決が進み、数学的な見方・考え方がより豊かになっていくことを自覚することに楽しさを感じることを期待しています。

三つ目は、**見通しをもって数学的活動に取り組み、振り返る**ことです。

見通しをもって数学的活動に取り組み、問題解決した後に振り返ることは、子ども自らが問いをもって問題解決活動を進めていくのに欠かせません。そのために、問題解決の入りの部分である問題設定と、出の部分の振り返りを丁寧にすることが大事になります。

四つ目は、**数学的な表現の相互の関連を図る**ことです。

算数には、数・式であったり図・表であったり、様々な表現ツールがあります。それらを用いて簡潔・明瞭・的確に表現することが算数で学ぶことの価値です。数学的活動においては、このような表現方法を行き来させながら事象を多面的・多角的に考察することが期待されています。

五つ目は、**考えを学び合うことやよりよく問題解決できたことを実感させる**ことです。

問題解決の過程において、友達と考えを伝え合うことで学び合ったり、よりよい解法に洗練させたりするための意見の交流や議論などを適宜取り入れていくことが必要です。その中で、学びの過程と成果を振り返り、よりよく問題解決できたこと、数学的な見方・考え方の成長などを実感する機会を設けることが求められています。

プロセスとしての価値への注目

数学的活動のプロセスとしての価値に注目することが大切です。これは簡単に言うと、**数学らしく学んでいることに教科指導としての価値がある**ということです。

解説（8頁参照）に、算数・数学の学習過程のイメージ図（次頁参照）が掲載されています。図の内容は、左側のサイクルが日常事象を取り扱ったもの、右側のサイクルが数学の事象を取り扱ったものを表しています。

このサイクルは、数学化と言われるAのプロセスから始まります。まずは事象に内在する課題を顕在化させて算数の問題として数学の土俵に乗せます。その問題を焦点化して問うべき問いを位置付けるBのプロセスに移ります。そして、Cのプロセスとして、これまでの問題解決過程の自力解決と共同思考および練り上げに取り組み、学習の成果の確認をします。さらに、Dのプロセスとして、活用・意味づけ、統合・発展という新たな振り返りへとつないでいきます。

これらは、日常のサイクルと数学のサイクル、そして、数学的コミュニケーションとし

期待される学習過程

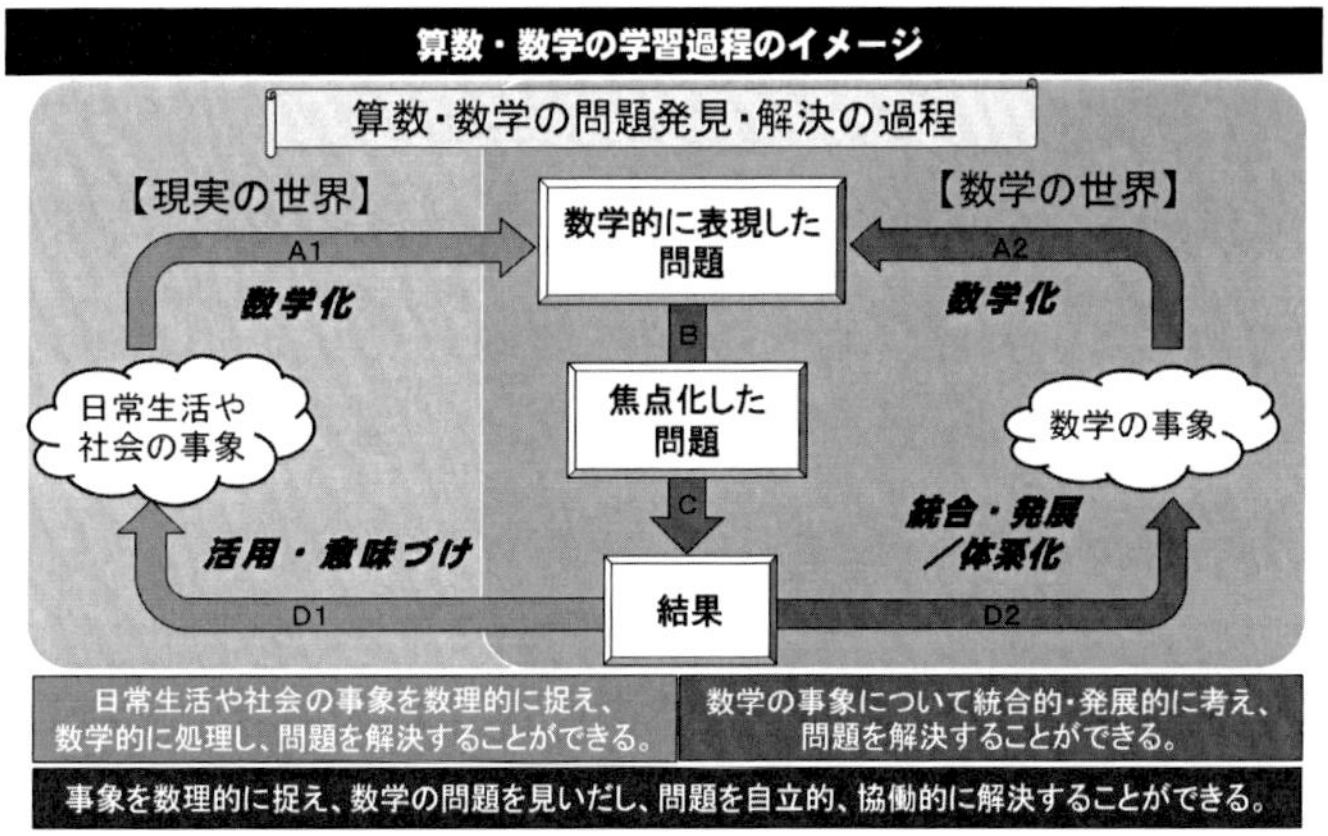

※各場面で、言語活動を充実
※これらの過程は、自立的に、時に協働的に行い、それぞれに主体的に取り組めるようにする。
※それぞれの過程を振り返り、評価・改善することができるようにする。

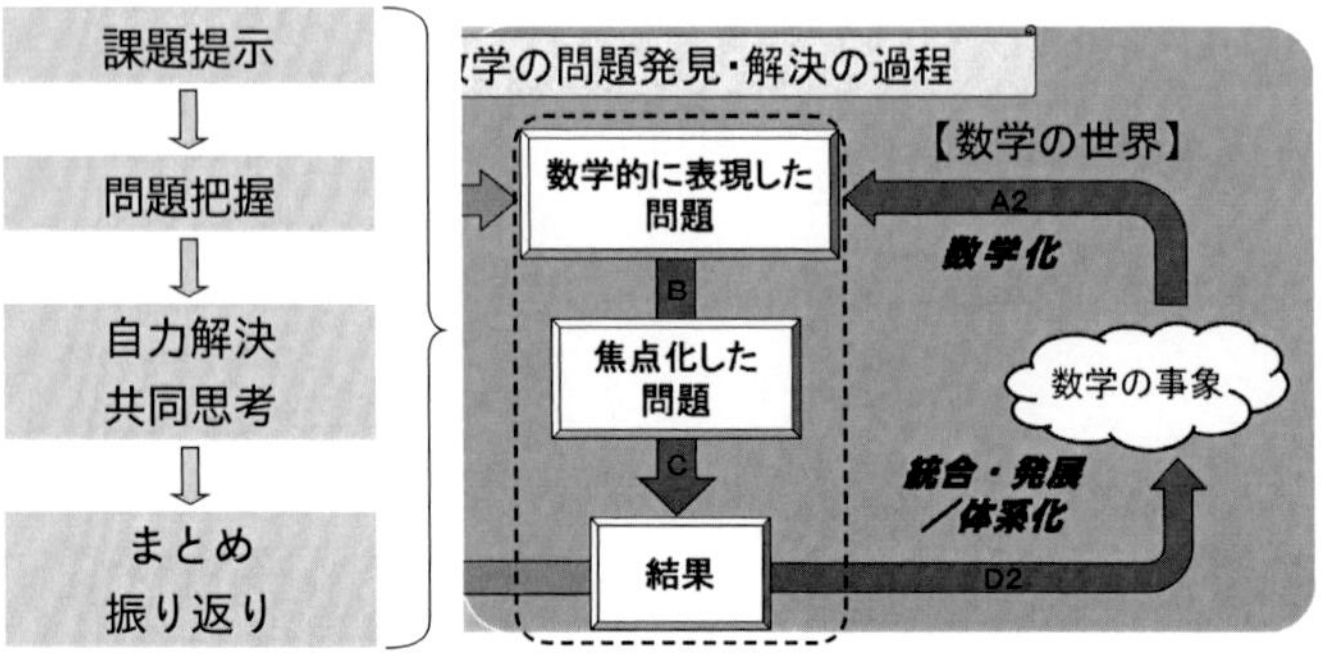

図1

て整理され、それらがこれからの算数・数学らしい学びのフレームとして重要となります。

さて、今までの算数の問題解決の授業は、図1のように課題提示→問題把握→自力解決・共同思考→まとめ・振り返りという展開が多かったかと思います。これらの学習展開はこのイメージ図のどこに当たるでしょうか。

破線で囲まれた部分のBとCのプロセスがそれに該当すると言えます。

一方、算数・数学の学習過程のイメージ図を整理すると、図2のように**「事象確認」**→**「学習問題把握」**→**「問いの設定」**→**「自力解決」「共同思考」**→**「まとめ（解決結果）」**→**「活用」「統合・発展」**となります。

「焦点化した問題」は、小学校では馴染みの

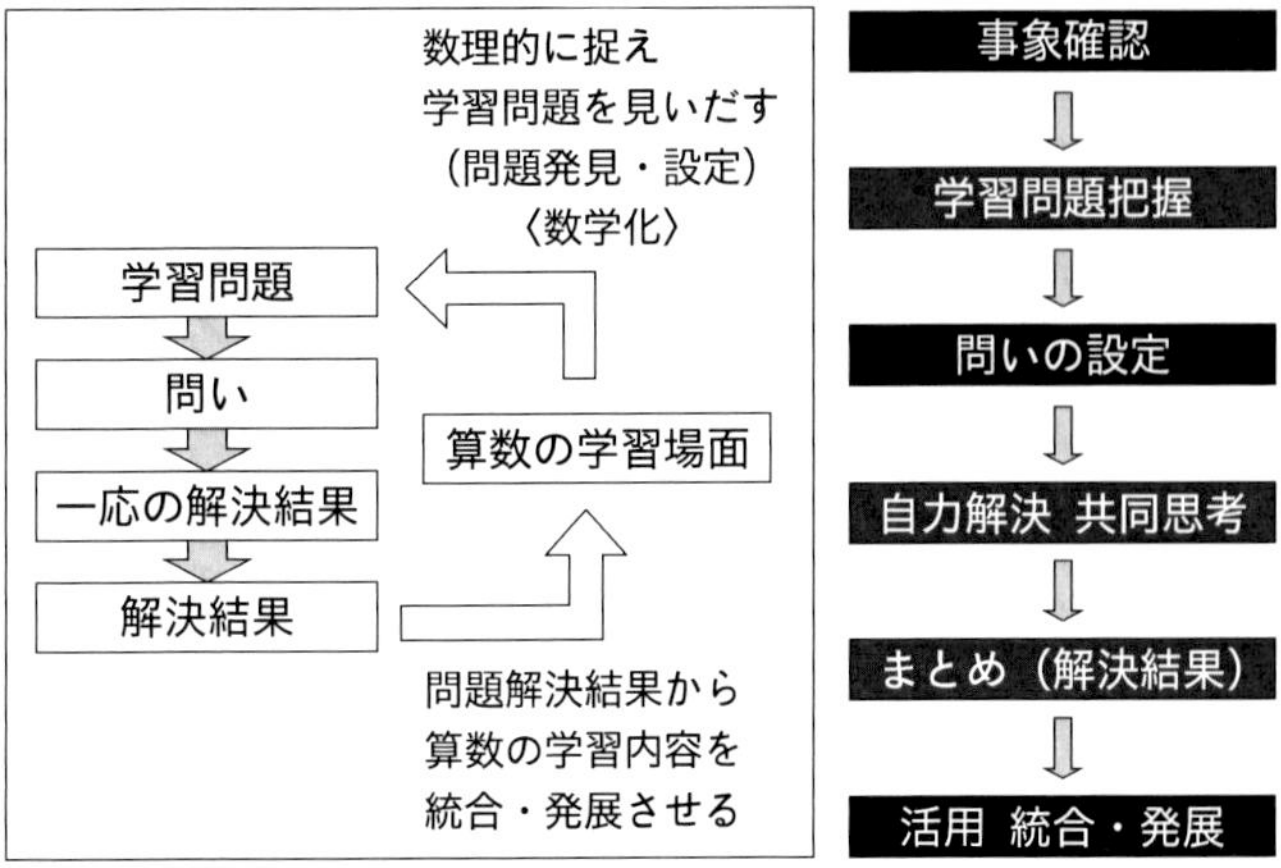

図2

ない言い方で捉えづらいので「問いの設定」に置き換えています。

これまでの算数の問題解決学習における、課題を出して、その中から問題を見つけて自力解決・共同思考、まとめ、練習問題という流れに加えて、今回は「数理的に捉え学習問題を見いだすこと」「問いを設定すること」、そして「問題解決の結果から算数の学習内容を統合・発展させること」を充実させることを重視しています。

学習対象の事象に内在する課題を確認して、数学化のプロセスをしっかりたどること、その中で、学習問題を位置付けてから、問うべき問いへ焦点化を図ること、そして学習結果をまとめ、その感想を書くという振り返りではなく、今までやったことを振り返るとともに先を見通しながら、できるようになったことを活用したり統合・発展したりすることに関心をもつことというのが、新しい算数の授業へ更新する視点だと言えます。

数学的活動そのものが算数・数学の本質であるとして、その充実を目指します。これからは、数学的な見方・考え方を顕在化させて、それを働かせることによって問題設定から課題解決へというAのプロセスと、解決結果を振り返り的に省察するとともに見通し的省察、省察の自覚による見方・考え方の成長、自分がどんなことをできるようになったかを通して、子どもは自身の見方・考え方を働かせた学びの中で育つ見方・考え方を意識しながら、より質の高い経験を獲得するDのプロセスを注視していくことになるでしょう。

数学的な見方・考え方との互恵的関係

数学的な見方・考え方は、子ども自身が学びを推し進めていくためには必須のもので、その成長実感が数学的活動の価値を支えてくれることになります。解説（7頁参照）では、数学的な見方・考え方について次のように記載しています。

「事象を、数量や図形及びそれらの関係などに着目して捉え、根拠を基に筋道を立てて考え、統合的・発展的に考えること」

教師は、子どもがもっている潜在的に有する資質・能力を顕在化させて、それを活用させていくことによって、学びをより高めていくように授業を創らなければいけません。一方、子どもは数学的な見方・考え方という経験群を意識しながら、一段質の高い、より抽象度の高い見方・考え方を獲得していくプロセスをたどるわけです。

では、数学的な見方・考え方という経験群とは何なのでしょうか。

まず、**見方とは、教科で身に付ける知識・技能等を統合および包括するキーとなる概念**です。図形の構成要素や数量の関係など、算数・数学を学んでいく上で重視されるべき概念になります。その概念を数学の眼鏡で捉えることができるかどうか、つまり着眼点が肝心になるわけです。

算数の眼鏡で見ると、「二つの数量の関係で比べなくてはいけないな」「一つの量だけではわからない。もう一つの量がないと判断できない」といったことが見えてくるということです。眼鏡をかけた瞬間に、そのように事象が見えてくるかどうかが鍵になります。眼鏡の見え方が問われているわけです。

また、**考え方とは、教材と算数・数学らしく関わることです。教科ならではの認識や思考、表現の方法なので、数学を創り上げていく追究姿勢**と言ってもいいでしょう。子どもがどのように算数・数学という学びを追究していくかということです。

このような概念や方法が整理されたものが見方・考え方で、子どもの経験群と言われているものですが、見方・考え方をマトリックス的にまとめて整理して、それを内容として一つひとつ指導していく話ではないということに留意しなければなりません。

見方・考え方を働かせることを改めて整理すると、次のようになります。

見方とは、学習対象への関わり方です。教師が「いいところに目をつけたね！」「なるほど、どうしてそんなところに目をつけたの？」と聞けば、子どもからは「だって、ここの辺と辺がね……」と返ってくるでしょう。つまり、ここが教材との関わり方です。

一方、考え方は「自力解決」「共同思考」「活用・統合」などの過程で、「いや、うまい表現だね。そういう表現にすると今までやってきたことと同じようにまとめることができるのか。すごいね！」というように、学習対象にいかにアプローチできるかが大切です。

これらを子どもたちは先生の明示的指導の繰り返しの中で、授業の終末時にまとめを四角囲みして確認しなくてもその価値を学んでいくわけです。友達同士で承認され、自分の

見方・考え方を働かせるイメージ

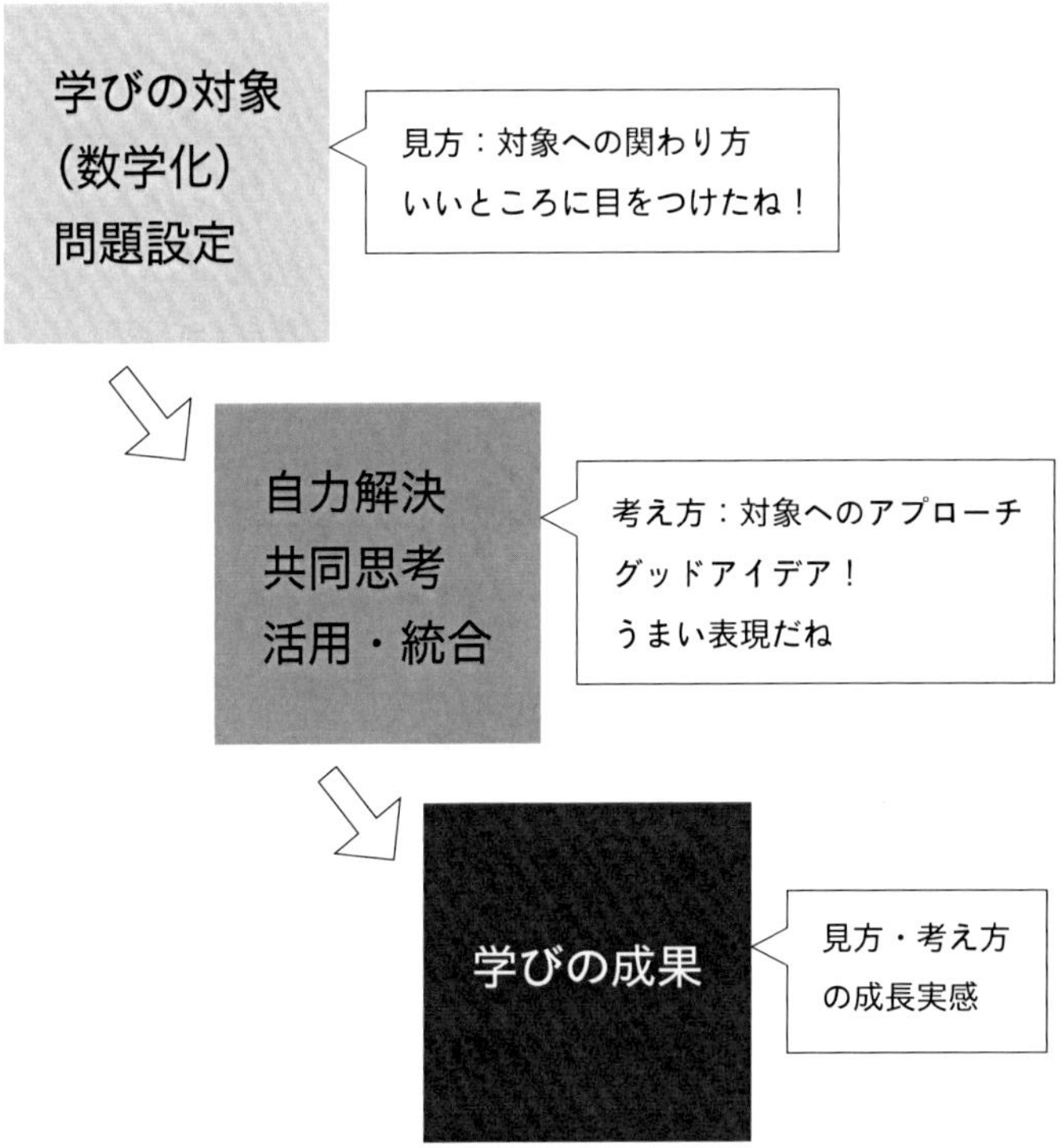

中で再確認され、追体験されながら、そのよさを実感していくことによって、算数の眼鏡を磨いていくのです。そして、その眼鏡をより強固なものにしていく子どもを育てていきたいものです。

このように、数学的な見方・考え方を働かせていくことで算数の授業は変わります。なぜなら、見方・考え方は教科ならではの関わり方とアプローチの仕方ですから、先生方はその見方・考え方を意識すれば、その指導方針が一貫していきます。いつでも「どんな眼鏡をかけているかな」「これは数学らしいかな」という指導がなされていくと、主体的かつ自立的な子どもの学びを後押ししていくはずです。

子どもは日々取り組んでいる授業を、どのように捉えているのでしょうか。教師側は学習した内容を統合的につかませたいと思っていても、子どもはそれらがバラバラだと思っています。しかし、いつの間にか知識・技能はバラバラではなく、連続したもの、関連したものとして認識されて、それがキーとなる概念として統合されていくことでしょう。そのように認識できるようにするために、数学的活動の中で見方・考え方を明示的に繰り返し指導していくことが必要になるわけです。

このような指導が繰り返されると、子どもから「先生、もう大丈夫です。それはわかる

見方・考え方と数学的活動の互恵的関係

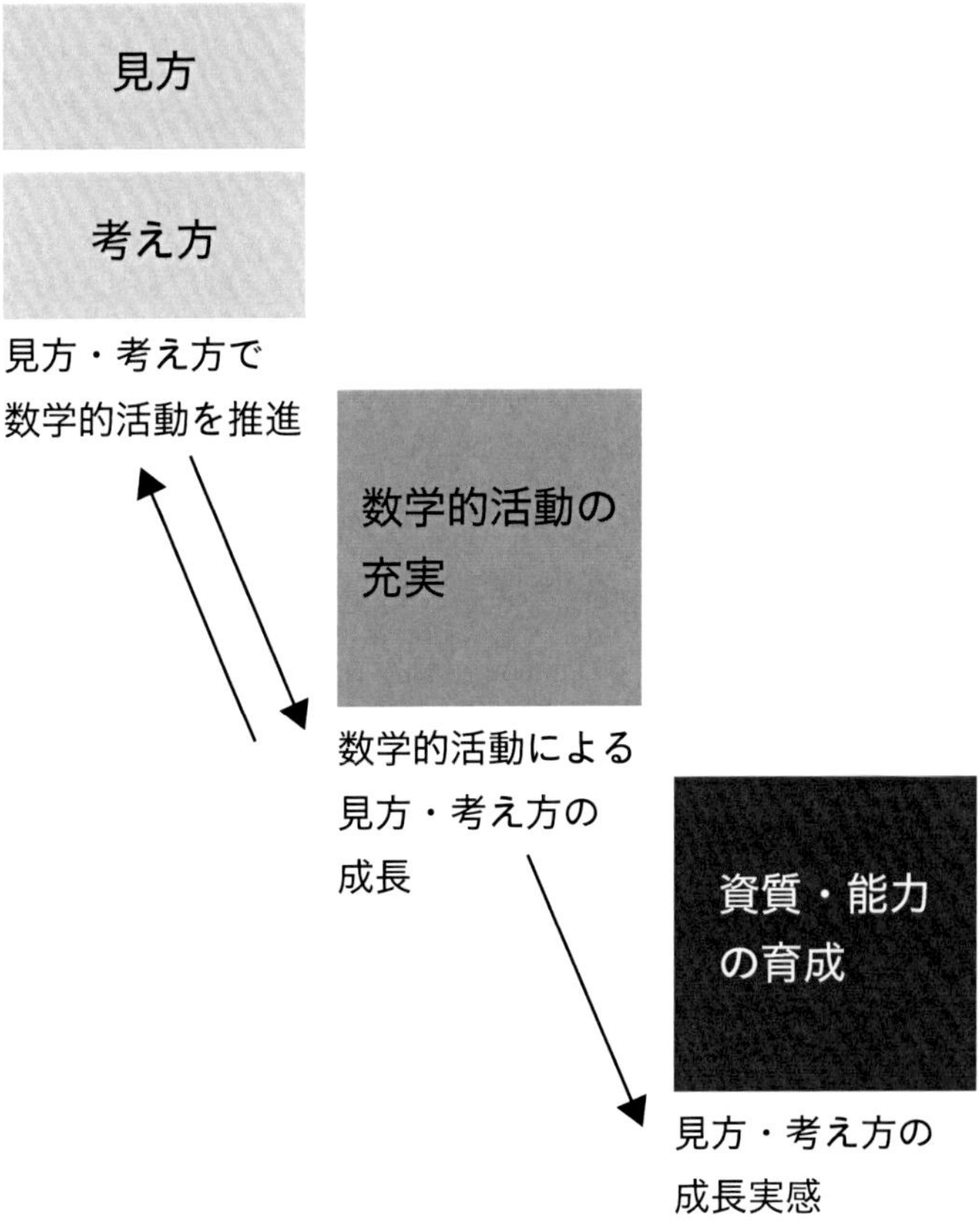

よ」と先回りできるようになります。単元の内容をすべてやらなくても子どもはわかってきます。教科書の内容を網羅的に片付けていくことはなくなり「教科書が終わらない」という騒動もなくなります。なぜなら、学習内容の系統や関連に関心をもつようになるからです。**見方・考え方で数学的活動を推進し、その数学的活動によって見方・考え方が成長します**から、子どもたちは見方・考え方の成長実感を得ることができるわけです。「このような見方が大事なんだね」「ここに目をつけていけばいいんだな」「図形の構成要素の位置関係なんだな」と目を向けていくようにすることが大切です。

問い続けるプロセス

ここで、数学的活動によって描く学びについて、実際に具体的な事例を紹介しながら説明します。題材は、5年生の割合です。この授業では、日常事象に内在する課題を、数学化によって問題へ設定することをテーマにしています。

東京書籍の令和2年版の教科書では、単元の導入においてバスケットボールのシュート成功率が取り上げられています。ちなみに前回（平成27年版）までの教科書では、シュートした回数と入った回数の両方を最初から提示して「誰が一番成功したか」と問うていましたが、今回の教科書では初めには、シュートが入った回数しか見せていません。そうすることで、子どもたちが比較量としての入った数だけではわからないことに気付き、基準量との二つの数量の関係に着目するプロセスを重視しているわけです。

私が実演した授業では、まずはじめに二つのイラストを提示します。上は力士、下はレスリング選手のイラストです。問題は、「この二人が、それぞれ同じ7kg痩せたとするならば、どちらが痩せたように見えるか」というものです。

力士

レスリング選手

比較量の7kgと7kgの関係だけではわからないので、それぞれの基準量としてのもとの体重も提示して2量の関係を見ていきながら、図を使って割合に関心をもたせるという学習展開です。

授業では、すぐに問題は提示しません。まずは力士のイラストを見せながら、子どもたちに感想を聞きます。「力士の体重は重い」「太っている」「太ももがパンパン」「腕も太い」など、子どもたちは思ったことを口々に言います。続いてレスリング選手のイラストを見せると、「痩せている」「ムキムキ！」とまたしても思ったことを口にします。

子どもたちの感想を丁寧に拾いながら板書して、日常場面を確認していきます。ここでは、子どもが日々の生活の中で無自覚的に判断していることを引き出していきます。子どもたちは普段から割合の見方を用いて物事を処理していることがあるのですが、それらを顕在化させて算数の問題につくり上げていこうとするわけです。

授業は問題場面の条件を設定していきます。力士もレスリング選手もトレーニングして試合に備えるというストーリーのもと、力士は7kg、レスリング選手も7kg減量することを伝えます。ここではじめて、数学的に表現した問題として子どもたちに問います。

「どちらが痩せたかなあ……と感じますか」

ここから子どもたちは、数学の眼鏡で事象に着目し、数学的に議論し始めます。これが大事です。しばらく様子を見ていると、議論が白熱してきて、もとの体重がわからないと比べられないという意見が出てきます。

子どもたちの問題への関心が高まり、基準量であるもとの体重が必要であることを要求してきたのを受けたところで、もとの体重を教えます。力士は140kg、レスリング選手は70kgです。

数値がわかると、子どもたちは「おお！」と声を上げました。しかし、基準量と比較量の二つの数量がわかったにもかかわらず、子どもたちはそれをどう取り扱ってよいかわかりません。授業では二つの数量の関係に関心が向くことなく、しばらくイラストに依存した話し合いが続きました。

子どもたちにどちらが減っているか尋ねてみると、力士とレスリング選手がほぼ半分に分かれました。それくらい、子どもたちにとって、割合で捉えるということは簡単な問題ではないということです。

その後、「力士は7kg痩せても見た目が変わらないのではないか」という意見が出ます。ここでもまだ二つの数量ではなく、イラストで判断しています。算数の土俵には乗っていますが、数学として問題解決していこうという問いにはまだ至っていません。

しかし、議論が進むにつれて、ある子が次のように言いました。

「レスリング選手は70kgで7kgだから$\frac{1}{10}$減った。70を10個に分けると7になるから、

1つ分と考えると$\frac{1}{10}$。力士は倍だから$\frac{1}{20}$になる」

ここで初めて分数で考え始めたのです。ようやく子どもたちは、二つの量の比較を分数によって解決していく算段を提示していくようになります。つまり、ある数量の関係と別の数量の関係を分数によって比較できるのではないかと考え始めたわけです。問うべき問いを考え、問題が焦点化された瞬間です。

授業の中盤では、$\frac{1}{10}$と$\frac{1}{20}$がどれくらいの体重になるかということで、自力解決および共同思考に入っていきます。140と70をそれぞれ1と見たときにそれぞれ7kg減ったのが、$\frac{1}{10}$と$\frac{1}{20}$という割合で、最後には同じ7kgでもレスリング選手の方が痩せたと感じるという結論にな

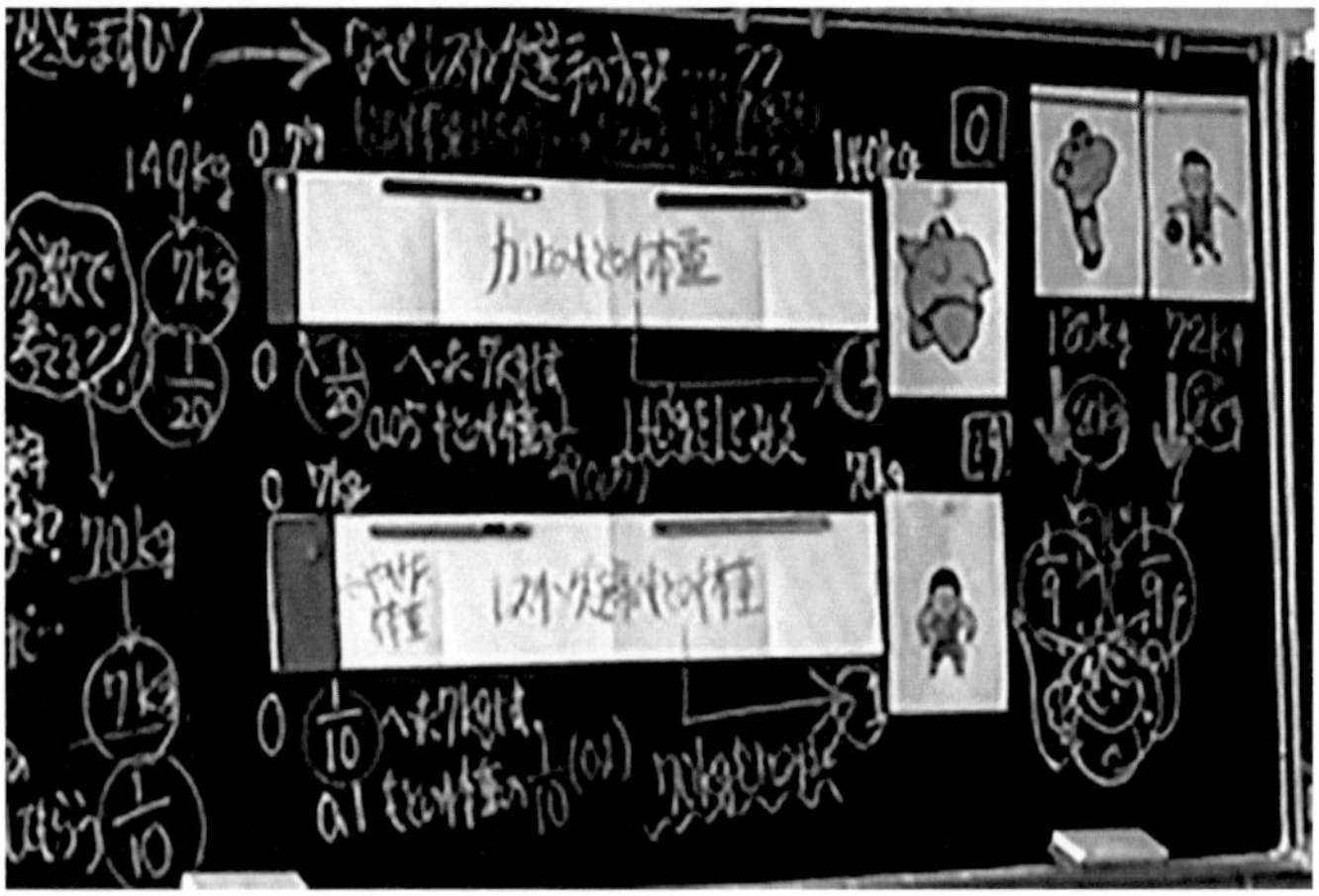

りました。70を1と考える、140を1と考えるというところで、割合の見方を使ったわけです。

　このような授業展開を毎時間行っていくことは難しいかもしれませんが、日々の授業で取り組みたいことは、子どもたちが**日常事象に内在する課題を数学の舞台に乗せて、子どもが自覚的に問題を設定していくこと**、そして**数学らしく表現された問題をいかに解決していったらよいか、問い続けるプロセスを意識しておくこと**です。

　杉山吉茂先生が「授業は思考の過程―問うべき問いを問い続ける―を現出する場所なのである。」と指摘されたように、子ども自ら問うことができるようにすることが、これからの数学的活動で重視されていることと言えます。

数学的活動を支える四つの「S」

これからの算数の授業は、次の四つの「S」という視点から数学的活動の描き方を問い直すという提案です。

一つ目の「S」は、**戦略（Strategy）を確認すること**です。

数学的活動は決して新しいものではなく、これまでも算数・数学科の本質を追究する実践においては重視されてきたことですが、だからこそ「**なぜ（Why）**」今回の新しい基準で位置付けられたのか」「**何を（What）**」位置付けられたのか」「**どうやって（How）**」描いていくのか」ということの意味の問い直しをしていかなくてはいけません。

「なぜ（Why）」かは、数学らしく学ぶことの再確認をしたいからです。「何を（What）」かは、教科教育という先人先達が創り上げてきた文化遺産の継承です。数学の果たす役割、数学を学ぶことのよさ、数学的価値の自覚化とその活用です。それを次代を担う子どもへ継承するわけです。そして、「どうやって（How）」は、四つの類型、四つの学年バンド、AからDまでの局面とEおよびFの視点を重視するということです。これらの戦略をいかに立てていくかを考えることが重要です。

二つ目の「S」は、**構造的（Structural）に取り組むこと**です。

流れ図的に問題解決を決められたパターンで進めるのではなく、数学的な見方・考え方を働かせながら学ぶ文脈を丁寧に描き、それによって子ども自らが進んで算数・数学科の価値に出会い、文脈そのものを大事にしてそれを実感的に納得することを大切にします。

授業デザインの柔軟さ、形式的な問題解決のプロセスからの脱却、子どもの経験群とのズレから生まれる問いの生起、そして子どもとの対話から生まれる教師の意思決定など、授業づくりの基本を再確認して数学的活動を描いていくということが期待されています。

三つ目の「S」は、**持続可能（Sustainable）に仕立てること**です。

これは明示的指導の徹底によって、子ども自身が学びを描き続けることができるようにすることです。先述の通り、数学的活動によって見方・考え方は成長していくわけですが、その数学的活動を推し進める子どもを育てるために、日頃から数学的活動に取り組むことの意味や働き、よさなどを顕在化させ、それを自覚化させていくようにしたいものです。学習過程を振り返ることによって、見方・考え方の成長を実感させることも必要です。子どもの「あ！　そういうことか」という「あ！」が大事なのです。今までそのようなことを考えたこともなかったことに気付かせて、振り返るという営みの価値を実感させていくわけです。

四つ目の「S」は、学ぶことに**満足（Satisfaction）を感じること**です。

三十数年前のことになりますが、和田義信先生（当時東京教育大学名誉教授）から「学びに向かい、思考し続けて止まない態度を育てることが数学教育の大事な部分だ」とご指導いただきました。数学を学び続けることが楽しいから満足する、その満足が更なる数学の学びを導き出していくことになるのだと思います。数学的活動は子ども自ら数学を創り上げていくプロセスです。このプロセスを繰り返して経験していくことを通して、子どもは学び続けて止まない態度を身に付けていくことになるでしょう。

また、京都帝国大学等で教鞭をとられた数学者の岡潔先生は「数学は必ず発見の前に行き詰まる。行き詰まるから発見する」と語っておられました。自ら数学を創り出していくことの大切さとよさを言い表している言葉だと感じます。事象から問題を見いだしたこと、解決したことから新たな問題を見いだしていくといった数学的活動を組織することを通して、子どもが数学らしく学ぶことの価値を実感できるようにしていくことが大切だと言えます。

第2章

能力ベイスの授業を描く

見方・考え方を鍛えるプロセス

資質・能力ベイスの算数の学習は、今までと全く異なることをやるのかという疑問をもたれる先生がいらっしゃいますが、そんなことはありません。経験したこともない授業をやるわけではありません。ただ、これまでの授業づくりを数学的な視点から問い直すということです。

単元のまとまりで授業を進めていくと、子どもたちの中で数学的な見方・考え方が成長していきます。教師側からすると、授業がそれを鍛えていくプロセスになり得ているかどうかを再確認するということです。また、この単元そして授業が、資質・能力の育成を図る学びづくりの筋道として適切なものなのかどうかを見極めることが必要です。

さて、本章では、具体的な事例を交えながら、これからの授業・単元づくりについて確認していきます。

最初に紹介するのは、1年生の「繰り下がりのあるひき算」です。この単元における数学的な見方・考え方の確認から始めます。

まずは、見方です。この単元では、**数量の関係に着目し続けることができているか**が肝要です。具体例で確認します。ここでは、13－6という課題を取り上げます。まず着眼すべき点は、被減数と減数の一の位の3と6の二つの数量の関係です。これがうまく処理できないから繰り下がることが要求されます。次時以降では、その関係が2と5になったり1と9になったりいろいろと取り扱いますが、常にこの数量の関係に着目しているかがポイントです。

次に、考え方です。この単元では、**根拠を明らかにして筋道を立てて考える、その結果を表現したり伝え合ったりする**ということです。特に、根拠を明らかにして説明できているかどうかが肝心です。この授業で根拠となるものはブロックでの操作です。これが1年生の子どもたちにとっての思考や表現には欠かせないものであって、これを根拠にして数学的活動を推し進めていくことになります。

筋道を立てて考える際に、「まずは」「次は」と順を追って考えていくことも必要です。

減加法　13－6→10－6＝4、4＋3＝7
数え引き　13－1－1－1－1…
減減法　13－6→13－3－3＝7

常に見方と考え方の行き来をしながら、数量の関係に着目し、根拠を明らかにしながら計算の仕方を簡潔、明瞭かつ的確に説明できる子どもを育てていくのです。

授業では、単元導入の1時間目から子どもは減減法または減加法に取り組んでいました。通常であれば、被減数と減数の数量の関係に着目して、教科書に倣って最初に減加法を取り扱って、次に減減法を取り扱うといった具合になります。しかし、子どもは二つの数量を見たときに、どのように処理するでしょうか。

例えば、数え引きがあります。13から1個ずつ取っていく。13から3を取って、足りないからまた3を取る。これが数え引きの原理です。13から1、2、3とひいて10残る。さらに4、5、6と取っていく。これは減減法です。

そう考えると、**形式的な方法を要求せずに答えを求めようと言ったら、子どもはそれほど問題なく7という答えを出すはず**です。

教科書では減加法から減減法に進む展開が一般的です。でもそれは、子どもがそのように考えることがその後の学習内容を指導しやすいという理由からです。そのために減加法がしやすい場面になるように課題の数値操作をしているわけですから、子どもも減加法を用いるようになるわけです。そのように仕向けているからであって、子どもたちの自然な発想からすればどちらが出てきてもおかしくないはずです。

同じように、繰り上がりのあるたし算の計算方法にも、加数分解と被加数分解の二つのやり方があります。被加数を分解する「前サクランボ」、加数を分解する「後ろサクランボ」という、いわゆるサクランボ計算です。たす数、たされる数、どちらかを分解して10をつくる。直近のたし算でそのような経験をしている子どもたちは、ひき算のときにもどちらかを何とかすればいいという発想になっても不思議ではないでしょう。ですから、二つのやり方が出てきてもなんらおかしくないし、むしろ自然だということです。

子どもの思考を受け止めていくと、授業中に教師にとって都合の悪いやり方で取り組む子どもも出てきます。減加法を取り扱いたいのに減減法に挑戦している子どもがいたら、そのとき先生方はどうするでしょうか。

「あなたのやり方は、次の算数の時間に登場してもらうかもしれないから、それまでとっておきましょう」などと誤魔化すわけにもいきません。むしろ基本的な繰り下がりの考え方を、最初から両方とも扱ってしまうことが自然ではないかということです。

ここでの学びで押さえておきたいことは、1年生の子どもに自分の問題解決の方法を他者にわかりやすく説明するということです。根拠を明らかにして筋道立てて説明するわけです。このことは非常に難しいです。文字も文章もうまく書けない子どもたちに、いかに説明させるかということです。これを達成するには、日々の学びの積み上げが要求されます。

方法の説明ができるようにするには、どうしたらよいのでしょうか。それは単元のまとまり全体で考えていくことが必要でしょう。このひき算の授業を創るということは、ひき算だけの話ではなく、その前に学習する繰り上がりのあるたし算の単元をいかに描くかということから考えていかねばならないということです。

言語活動を充実させ、見方・考え方を着実に成長させていく学びの連続を大切にするということです。算数の学びを通して言語活動を充実させていく指導の在り方も、これまで以上に考えていかなければいけません。このことは、1年生の数学的活動として位置付けられている問題解決の過程や結果を、具体物や図などを用いて表現する活動を単元を通して繰り返して取り組んでいくことでもあります。

見方・考え方を鍛えるプロセス

見方

数量の関係に着目する

考え方

根拠を明らかにして筋道立てて考える

小１の子どもが方法を説明する

⇕

数学的活動エ　問題解決の過程や結果を、具体物や図などを用いて表現する

⇕

日々の学びの積み上げの成果

言語活動の充実

繰り上がりのあるたし算、繰り下がりのあるひき算を学んだ子どもが、年末になる頃には、根拠と筋道に気をつけながら文章を書こうとしている姿を期待しているわけです。算数を通して国語の授業にも取り組んでいるとも言えるでしょう。

もちろん全員がうまく書けるとはいかないけれども、そのような指導をしていこうということです。それが、根拠を明らかにして筋道を立てた説明ができるようになることにつながるのです。

繰り下がりのあるひき算の前に、繰り上がりがあるたし算ではどのように学習したらよいのでしょうか。

例えば、7＋8の場合では、「前サクランボ」によって被加数分解で計算することが多いでしょう。手続きは、4段階になっています。

まず、たされる数の7を5と2に分けます。
次に、たす数の8に2をたして10にします。
そして、10と残りの5をたして15になります。

繰り上がりのあるたし算

7+8

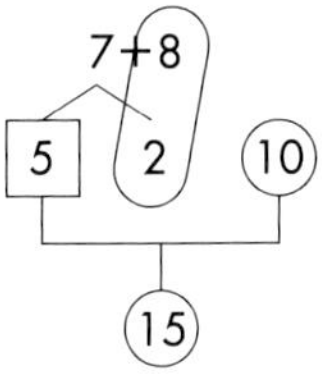

①まず7を5と2に分ける
②次に8に2をたして10
③10と5をたして15
④8+2+5=15

最後に、「三つの数のたし算」をやります。８＋２＋５は15です。

　このような過程を表現した数や式、文章の意味していることを、ブロックという半具体の操作を通して指導していくわけです。これが1年生の数学的活動です。

　このような表現を期待するには、まずはこの単元に入る前の繰り上がりのあるたし算においてどのような指導をするのかを考えることが必要です。

　そして、減法の単元においても、繰り返して見方・考え方を明示的に指導しながら、事象をどのように見つめたらよいのか、10の束をどのようにつくるのか、または崩すのかといった追究の視点を丁寧に押さえていくことが重要になります。

子どもの経験をベイスに学びを描く

「見方・考え方を鍛えるプロセス」とともに大切な視点として、**「子どもの経験をベイスに学びを描く」**ことに取り組むようにしたいものです。

低学年の子どもであればあるほど、自分の知っていることや経験していること以外のものに対しては抵抗を感じて、教師側が描こうとしている学びの文脈に無関心であり、乗ってこないことが多々あります。だとするならば、**まずは子どもの経験していることや納得がいくことに乗ってしまえばよい**と思います。**子どもの経験を尊重すると、授業の文脈を子どもとともに生起しやすい**のではないでしょうか。子どもが潜在的に有する見方・考え方を顕在化させて、それを基に学びを描くということです。

この経験とは、今回の繰り下がりのあるひき算の場合であれば、これまでの学習経験と数感覚になります。直近で学習した繰り上がりのあるたし算での経験です。繰り上がりのあるたし算で被加数分解と加数分解について子どもたちは経験してきています。

具体的には、7＋8を5＋2＋8にして5＋10という形にする被加数分解と、7＋3＋5という形にして、10＋5という形にする加数分解です。

前の数を分解するか後ろの数を分解するかという違いはあっても取り組んでいることは10をつくるということです。計算は、いずれの数を分解しても構わないことを経験してきたわけです。

さらに、数量のどちら側に目をつけるかは、子どもの数感覚によって違うわけですから、それならばいずれのやり方が出てきてもそれにお付き合いする文脈を描いていけばよいのではないかということです。

学習を終えた段階で、子どもたちに10の束のつくりやすい方を選択して処理をすればよいという経験をさせているわけです。われわれ大人もそうです。繰り上がりの処理を行うときは、人によって方法は異なります。やりやすい方があるからです。数感覚とは、そういうものです。

わかりやすい例として、3＋9があります。これをどのように処理しますか。

たし算

被加数分解

$7+8=5+\underline{2+8}=5+10$（$2+8$ → ⑩）

加数分解

$7+8=\underline{7+3}+5=10+5$（$7+3$ → ⑩）

どちらを分解してもよい！

↕

10の束のつくりやすい方を選ぶ

$3+9=\underline{2+1}+9$

$9+3=9+\underline{1+2}$

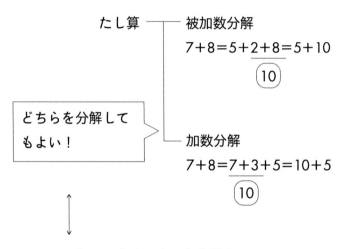

9は、あと1をつくれば10になるので、3が前にあろうが後ろにあろうが関係なく崩します。その子が前を崩そうが後ろを崩そうが関係ないのです。3と9というものの関係だけで、人間は処理し始めるのです。個々の数感覚によって選択されているわけです。どちらをやらなければいけないというきまりがあるわけでなく、どちらでも構わないし両方やっても構わないのです。子どもの思考に寄り添うとはそういうことです。

そして、繰り上がり、繰り下がりのある計算の仕方を学んではいるけれども、それを通して言語活動の充実を図り、見方・考え方を働かせて数学的な表現に取り組む子どもたちを育てているんだというように考えていくことも大切にしたいものです。

教材研究の視点を問い直す

次は「**教材研究の知恵**」についてです。

教材研究を行うことで、算数の授業で子どもが問うべき問いを見極めるために何が必要かを考えます。

前述の1年のひき算の学習において、一番大事な内容は何かというと繰り下がりです。子どもの操作では、10の束を崩すということです。その前のたし算の単元では、10の束をつくるということでした。10の束をつくるという経験を踏まえて、今度は10の束を崩すわけです。

30年ほど前に勤務していた、算数科の実践研究に取り組んでいた学校では、割り箸を使ってこの操作を行っていました。割り箸が10本集まると、輪ゴムでとめるのです。当時の給食で米飯が出ると割り箸が配られました。千百人もいる学校でしたから、給食1回で割り箸が二千二百本も出るのです。それを給食室の調理員さんたちが使用後の割り箸を煮沸消毒してくださり、それを授業で使っていました。

輪ゴムでとめて、10本集める。それの束が10個集まって１００本になると１リットルの牛乳パックを半分切った容器に入れる。それが１００本の束となったわけです。割り箸１本のバラが一の位、輪ゴムの束が十の位、牛乳パックが百の位として、輪ゴムやパックの数を数えたわけです。

牛乳パックを、今度はミカン箱に入れる。子どもたちは数と計算の時期になると、算数教具室からミカン箱を教室に10個くらい運んできていつでも使用していました。ブロックが１個でもなくなると、「どこへ行った？　探しなさい」となりますが、割り箸だからなくなろうが汚くなろうが問題なかったので、子どもは自由に好きなだ

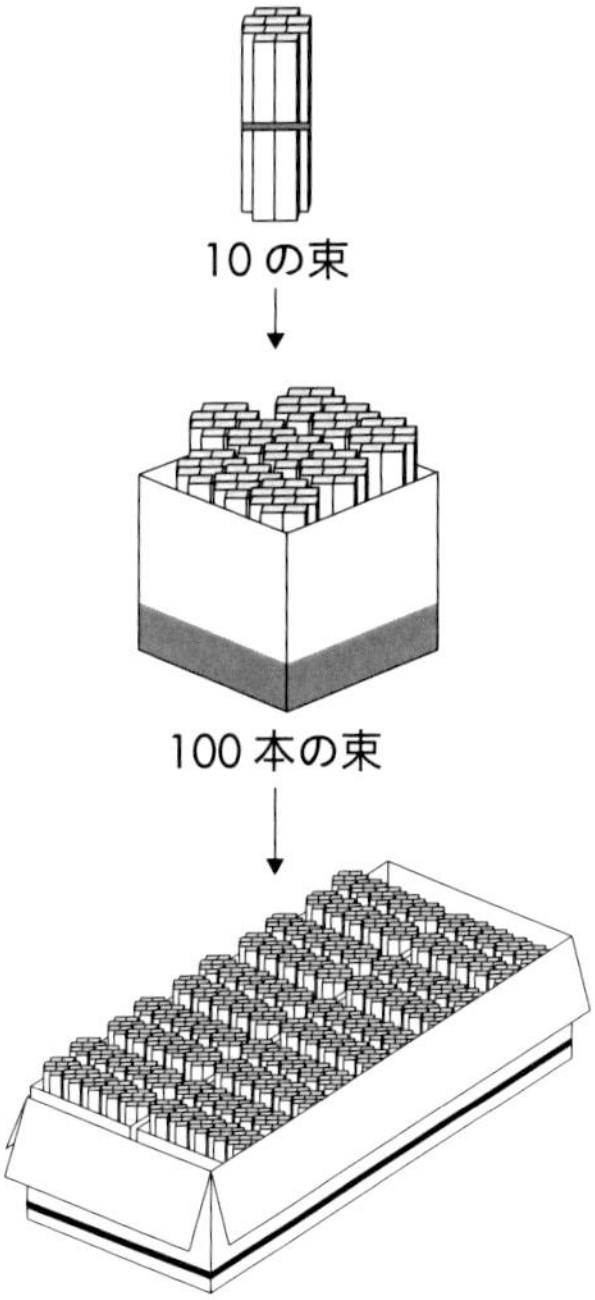

け使えたことを覚えています。

さて、崩すということですが、輪ゴムを外す。ブロックだったらブロックの箱から出す。この崩すという言葉が非常に大切です。10の束をいかに崩すかということを、この授業から学ぶのです。

ちなみに、この授業で行った二つの10の束の崩し方は意味が違っています。

例えば、牛乳パックが2本あります。1本は開封されていないもので、もう一本は飲みかけで少ししか残っていません。どちらの牛乳パックから飲みますか。少し残っているパックではコップ1杯にはなりませんから、その後新しいものを開封してつぎ足します。新しいパックからであれば、コップ1杯は取れますが、飲みかけのパックも残ってしまいます。

前者のつぎ足していく飲み方は減減法です。また、後者の新

減減法

先に飲みかけを入れてから新しいのを入れる

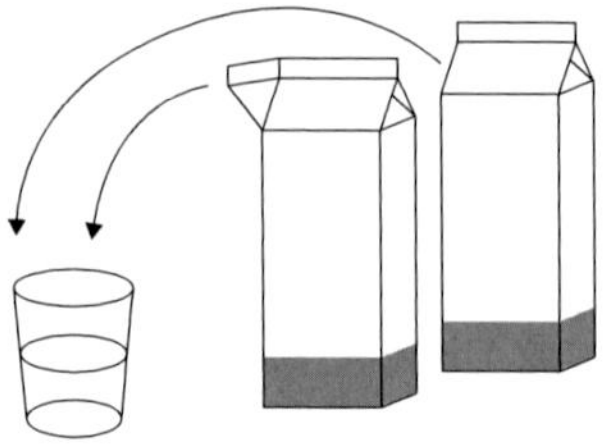

減加法

新しい方を入れる

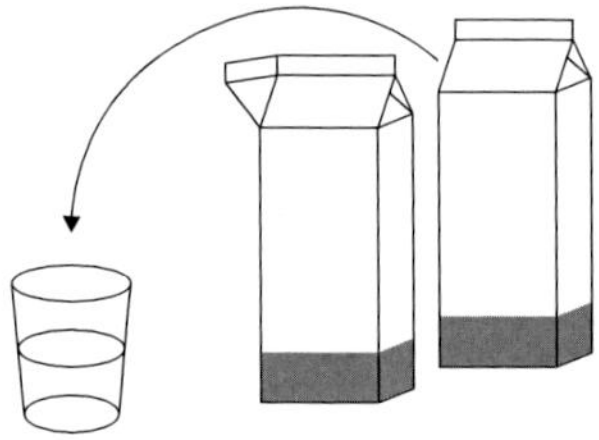

しいパックから飲む方法は減加法です。生活の中にそのような場面はたくさんあります。

以前参観した授業では、卵パックを使っていました。問題は次の通りです。

「家に新しく買ってきてまだ開けていない卵パックがあります。冷蔵庫の卵を入れるところに卵が2個あります。卵焼きをつくるのに5個必要です。さあ、どうやって卵を使いますか？」

子どもたちに尋ねると、まずはバラの卵の2個から使うと言います。なぜでしょうか。

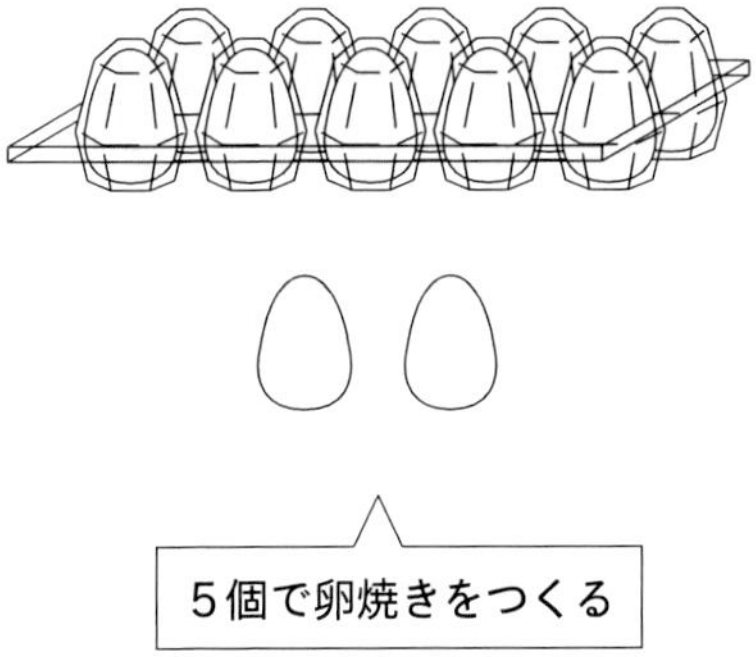

もちろん、古い卵だからです。新しい卵から使うと、お母さんから「なぜ新しい方から使ったの？　古い方から使ってと言ったじゃない」と注意されます。減加法の考え方で使ってしまったら古い卵が2個残ってしまいます。

このように、子どもの生活経験が解決方法に影響することもあるわけです。つまり、**減減法や減加法に通じるアイデアを使って身の回りの事象を解決していること**はたくさんあります。いかに新しい束を崩すかは、そういう経験に支えられているのです。

そこで、10の束をいかに崩すかです。

双方のやり方で、似ていることは何かを問わせたいわけです。生活科との関わりなどでドングリを教材に用いることがありますが、その際10個のまとまりのドングリは袋などに入れて束をつくっておきます。10個のまとまりを区別しておかないと、どこから使ったかがわかりません。卵パックのように新しいパックを開くとか、割り箸を束にしている輪ゴムを取るという「崩す仕事をする」ということです。ドングリが13個バラバラに並んでいると、多くは減減法または数え引きになってしまいます。

では、似ていることは何かという話に戻しますが、両方とも10の束を崩すのが同じということです。しかし、先に崩すのか後に崩すのかが異なります。減加法は最初から崩しますが、減減法は後で崩します。そういったことに着目して説明できることが大事です。両者の似ていることと異なることを、自らの操作を確認しながら気が付いていけるかどうかです。

繰り下がりのひき算では、このような活動を期待していきますが、もちろんこの時期の子どもはノートに的確に表現することは難しいです。しかし、先生は板書において「範」を示して、この水準を期待していくのです。

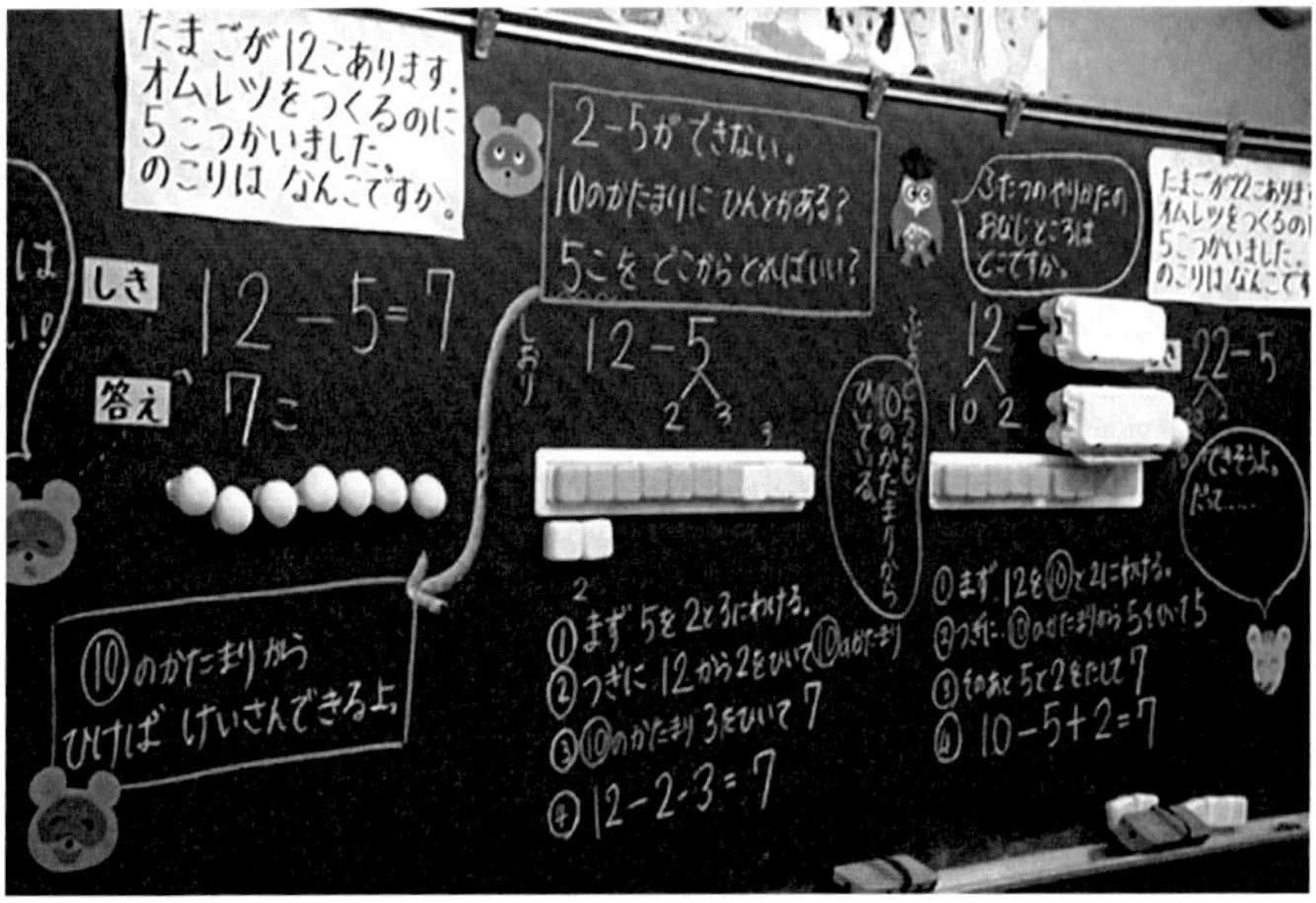
たまごが12こあります。
オムレツをつくるのに
5こつかいました。
のこりは なんこですか。
2−5ができない。
10のかたまりに ひんとがある?
5こを どこからとればいい?
しき 12−5=7
答え 7こ
10のかたまりから ひけば けいさんできるよ
12−5
①まず 5を2と3にわける。
②つぎに 12から2をひいて 10のかたまり
③10のかたまり 3をひいて 7
④12−2−3=7
どちらも10のかたまりからひいている
3たつのやりかたの おなじところは どこですか。
①まず 12を10と2にわける。
②つぎに 10のかたまりから5をひいて5
③そのあと 5と2をたして 7
④10−5+2=7
できそうよ。だって……

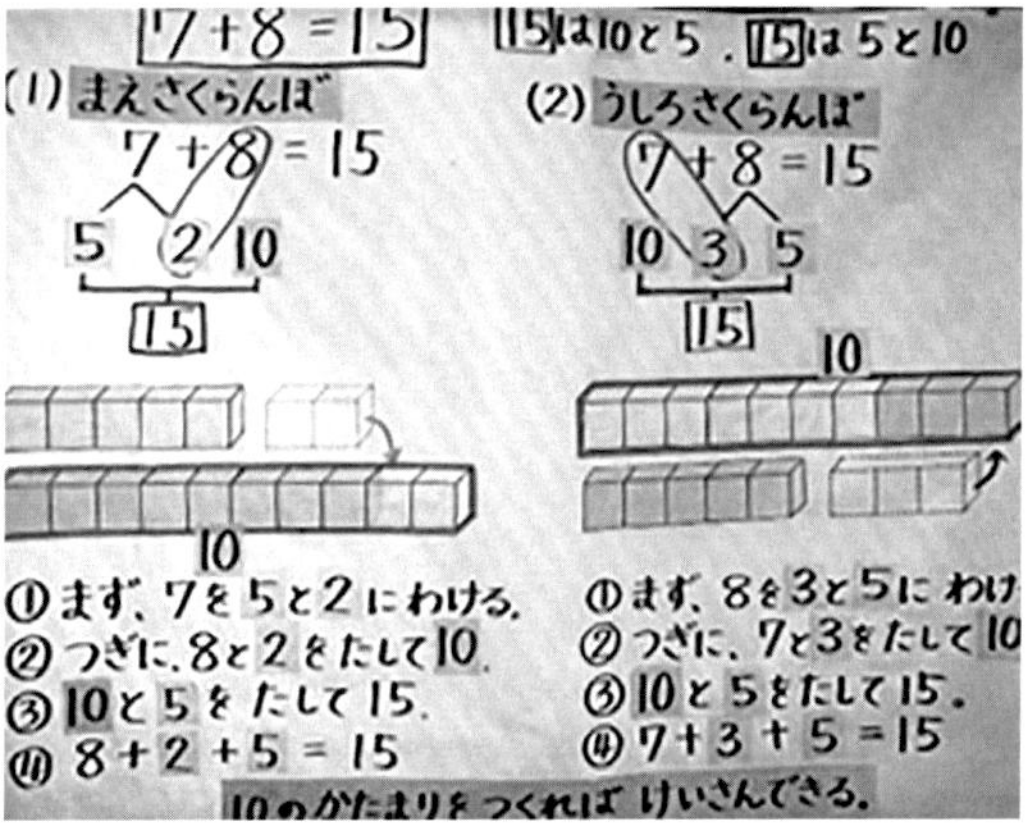
7+8=15
15は10と5、15は5と10
(1) まえさくらんぼ
(2) うしろさくらんぼ
①まず、7を5と2にわける。
②つぎに、8と2をたして10.
③10と5をたして15.
④8+2+5=15
①まず、8を3と5にわけ
②つぎに、7と3をたして10
③10と5をたして15.
④7+3+5=15
10のかたまりをつくれば けいさんできる。

授業（前頁写真参照）では、具体の卵パックを使っています。サクランボの式があって、ブロックがあって、そして答えの7が出ています。両者の違いですが、どちらも10のかたまりからひいています。しかし、10のかたまりからひくタイミングが、説明の2番目と3番目に分かれています。

さらに、授業では終末時に22－5まで挑戦しています。計算の手続きが同じであれば、位取りの原理をいかして発展的な問題に取り組める子どもも多くいるはずです。

手元のノートにはどのように書いてあるかというと、「12から2個取って、その次に10から3を取った残りが7」と書いてあります（上の写真参照）。これを板書で先生がきちんと整えておくことができるかどうかです。このように地道に積み上げていくことが大切で、いずれ子どもたちはこれを手本にしながら、この水準になっていきたいと思うわけです。

こちらのノートでは、「まず10のところから5個取って、5個使ったときに余った卵を数える」と示してあります（左上の写真参照）。10の束を崩して5個取って、余った卵を数えたら5個の5と残っている2個の2を合わせて7という話です。それをきちんと板書上で箇条書きにして整理するということです。

　この授業の導入では17－5を取り扱っています。17－5は繰り下がることがないので、問題なく答えの12が出ます。それで、再度卵焼きをつくりたいという話になり、12－5はできないかどうかを聞いてみます。

　5より12の方が多いわけですからできます。まずは、数え引きして残りの卵の数を確認します。答えは7です。ここで、「卵はいくつ残っていますか」という問題にしてはいけません。答えは既に7とわかっていていいのです。「答えの7はいちいち数えてひかないとわかりませんか？」という、効率的な計算処理の方法を考えることを問いにします。

　つまり、**計算手続きを考えてわかりやすく説明することが目的であることを確認して、子どもが何を思考して**

いけばよいのかを明確にしてあげることが大切です。これが思考の間口を絞るということです。問うべき問いを確認するわけです。

卵が何個残っていますかというのは、数えればわかります。数えればわかるということで、答えを明らかにして安心した状況の中で、これまで勉強したことをいかしながら考えていけるようにすることが大事です。

このように、**答えが出てから算数の授業が始まります**。答えを出すことが算数の授業の目的ではありません。答えは出てしまってていいのです。冷蔵庫へ行って、卵ケースに12個あるところから、お母さんに「5個持ってきてちょうだい」「持ってきたよ」「冷蔵庫に何個残っている?」と言われたら、数えて「7個」と言います。

「どうして?」と聞かれたら、「いつもお母さんは古い方から使いなさいって言うから、古い方を2個取って、あとは新しいパックを開けて3個取ったら、残りは7個だったから」ということを子どもは言えるはずです。

そのように日常生活の中で考えていることを数学の世界に乗せてあげて、表現・処理したことを価値づけするのが教師の仕事です。そして、何気なくやっていることだけれども、卵パックを開くという仕事が、実は10の束を崩しているということだと、たとえ子どもが今日の1時間の授業だけでは十分理解できなかったとしても、何時間かをかけて繰り返しやっていくことによって、いずれ「繰り下がる」ということはどういう意味なのかを理解していけるような学びを創っていきたいものです。

この学びを創るにあたっての教材研究は、次のような視点から行っていることになります。

①既習場面で習得した活用すべき内容の確認→**新しい場面の既習事項との差異の確認**
②被減数の一の位の数が減数より小さい場合→**活用場面の設定（問うべき問いの位置づけ）**
③計算方法の説明→**減減法・減加法の手続きおよび共通点の説明**
④共通のアイデアの説明→**10の束を崩す**
⑤表現・処理したアイデアのよさ・働きの活用場面→**22－5**

新しい場面と既習事項との差異の確認が必要です。この問題で言うと、17－5のように繰り下がらないもの。もう一回やると今度は繰り下がりなしというわけにはいかないことを確認した上で、被減数の一の位の数が減数より小さい場合ということに着目して、そのときにどうしたらいいかという話になります。

その一方で、解はあるということです。7個は残っている。それを効率的に求めることを問うとした上で、10の束を崩すというアイデアを用いる手続きおよび共通点を説明します。「10のかたまり」というところは、もっと色や形で明示して強調することが必要でしょう。そうしないと1年生はわかりません。先生が目をつけてほしいところに子どもの目が行くとは限りません。

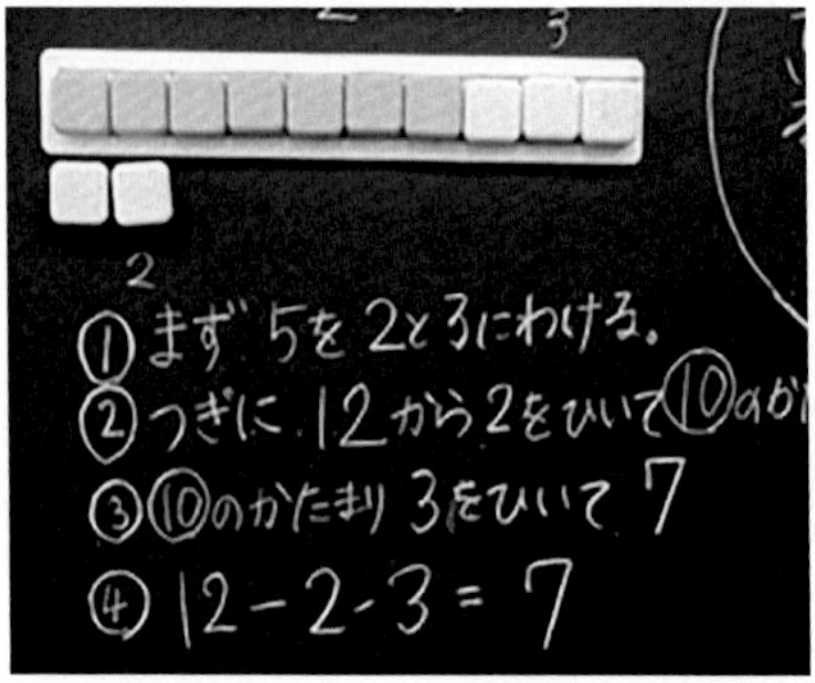

この12と5という数の選び方も重要です。卵パックを開くと5と5になっています。これは減減法も減加法も両方見やすい数字になっているのです。パックを開けば5が見えるから、5に飛びつくわけです。

このように、可能な限り可視化して明示的指導を充実させます。**板書とは1年生の子どもにとってみれば思考ツールであり、表現ツールでもあります。**板書を見ながら、思考を深め、表現を工夫します。このような手助けをすることも、教師の技の一つです。

先ほどの子どものノートの写真を見て、どうでしょうか。1年生だと、書けてもせいぜいこれくらいです。根拠を明らかにしながら三行も書ければ立派ではないでしょうか。「12の2から2個取って、次に10から3を取った残りは7です」。このようなことを多くの子どもが書いています。ある子どもは、「まず10のところの5個を取って、5個使ったとき、卵が余ったものを数えます」と書いています。

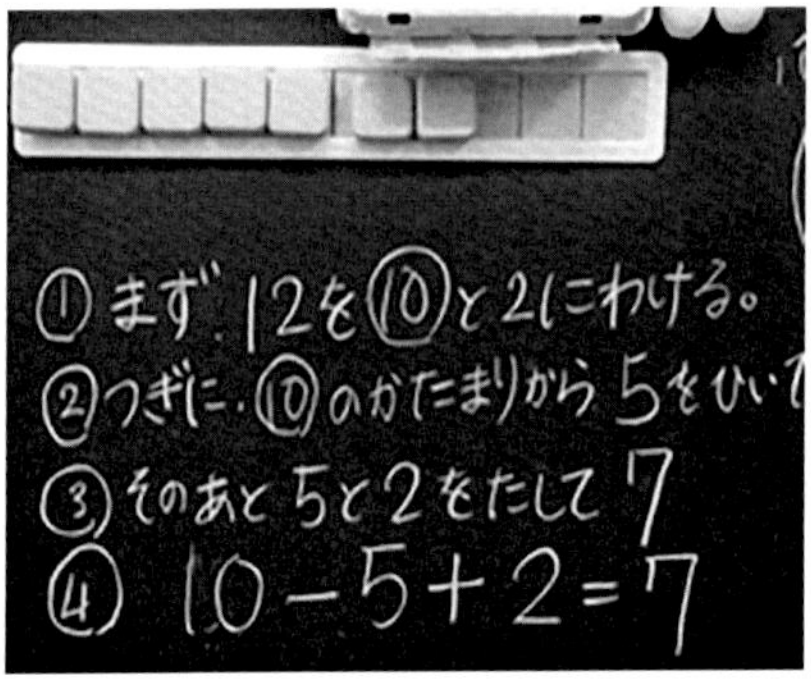

「卵が余ったものとは、どういうものか」と聞いてあげれば、「先生、余っているんだよ。パックの中に5個余って、最初にバラの2個があった」「この5とこの2をたすわけね」というやり取りをしながら、板書のような文章をつくっていきます。

1年生の担任は地道な仕事です。しかし、何ができるようにしたいのかというゴールを明確にした上で、このようなやり取りを2年生までやり続けていれば、2年生の終わりに学習する逆思考の学びでは、子どもは見事に箇条書きで説明してくれるようになります。さらに、このような経験は、将来、中学校の証明にもつながっていくはずです。

これが数学的活動を充実させるということです。この積み上げが子どもの見方・考え方の成長につながり、それを支えるのが教師の教材研究の知恵なのです。

能力ベイスの単元の描き方を問う

これまで何度も述べてきていますが、これからの授業は**内容ベイスから能力ベイスに変えていくことができるかどうか**です。「何ができるようになったか」が問われることになります。

次は、2年生の「かけ算」を取り上げましょう。

これまでの単元の指導計画で言えば、「かけ算(1)」では、意味や性質、きまりなどを一つひとつ丁寧に教えるべきことを教えておいて、「かけ算(2)」では、それらを使って九九を構成してみようということだったと思います。これが今までの指導における考え方でした。ですから、教えるべきことを教えた後、それらを何とかうまく使ってほしい学習過程を組み立てていたわけです。

しかし、これからの単元の指導計画はそうではなく、「かけ算(1)」のときでもできるようになったことを今すぐ使えるようにしてあげようと考えるべきです。できることはどんどん使えるようにする、そして、できるようになってきたことを自覚することが期待されています。

子どもたちが**今、何ができるのか、そしてそれを使うとさらにどんなことができるようになるかということに常に意識をもてるようにする**わけです。これが、見方・考え方を働かせる子どもを育てるということです。

これからの教科学習において「見方・考え方を働かせる」は、国語、社会、算数、理科などすべての教科等の学習指導要領の「第3　指導計画の作成と内容の取扱い」に記載されています。子どもは教科等の見方・考え方を働かせて教科らしい学習活動に取り組むことと示されています。

この見方・考え方とは、先述の通り端的に言うと、学習対象への着眼点が「見方」であり、その教科ならではの思考・認知、表現方法、つまり学習対象との教科らしい付き合い方が考え方です。これらを毎時間の授業において働かせながら問題解決させていくことが、「見方・考え方を働かせる」ということです。

実際、子どもたちはとても貪欲です。彼らは賢いから、身に付けたことはすぐに使いたがります。買ってもらったおもちゃは、すぐに箱から出して遊びたがるでしょう。それと同じです。これまでに勉強したことは、試してみたいと思うのが子どもです。

しかし、これまでの授業では、必ずしもすぐに使えるような展開にはなってはいませんでした。「わかりましたよ。あなたたちができるのはよくわかったけど、まだ先生が教えたいことがあるから、もう少し待っていなさい」といった感じで、おあずけを食わされるわけです。「今は、まだちゃんと覚えるときよ」といった具合です。

子どもたちは、そんなに器用ではありません。ですから、**身に付けたことは、今すぐどんどん使っていくことを大事にした方がいいというのが、今回の学習指導要領が目指している学びの過程**なのです。

さて、「かけ算」に話を戻しましょう。

以前、私が参観した授業では、「かけ算(1)」から「かけ算(2)」へのつながりを意識した内容の組み替えを提案していました。

これまで「かけ算(1)」においては、乗法の意味、演算決定や性質を理解させることに注力されてきました。そして、そこで理解したことを「かけ算(2)」で使わせるようになっています。

提案では、かけ算(1)およびかけ算(2)を区別することなく、最初から螺旋的なアプローチの仕方で学びの過程を計画していました。つまり、覚えたことは今すぐ使ってみる、使えるようにしようというわけです。

具体的には、かけ算(1)の5の段から、前時までに学習した方法を使っていこうと考えました（次頁参照）。

かけ算(1)の段階から活用への関心を高めるというのです。かけ算の性質やきまりを問題解決に使える子どもにしていきたい、使うことで新しい問題解決に自分でチャレンジしていく子どもを育てていきたいというわけです。

さらに、もう一つ主張がありました。それは、子どもたちに物事を多面的に考えさせる場面を用意するということです。授業の後半で「4の段にいくつ分をたす」という場面を位置付けました。本来は、そこまでする必要はないのかもしれません。特に、本事例の問題は1パック5本入りのジュースを教材として用いていましたから、わざわざパックを破って取り出さなければいけません。返品できなくなるわけですから、現実の場面ではありえないわけです。

それでも提案者が取り上げたいと考えたのは、これまでの計画ではかけ算(1)とかけ算(2)

2年 かけ算（1）

本時の目標

まとまりの数に着目し、既習のかけ算のきまりを用いて、5の段の九九の構成を考えることができる。

本時の主旨

2の段を累加、3の段を累加、分配、4の段を累加、分配、倍の考えで構成してきたことから、5の段をどのように見るかを問う。4の段での組み合わせの経験がいきて、子ども自身がなんとか5の段も組み合わせられないか考えようとする態度を育てたい。また、本時での経験が6の段以降もまず、2の段と3の段でつくれないかといった考えの素地になるように自分たちで九九を構成しようとしたい。

①問題場面を把握し、解決に必要なまとまりの数に着目すればよいことに気付く。何がわかれば求められるか話し合う

かけ算や○とびで求められることが考えられる。そこで、かけ算では一つ分の数やいくつ分の数が必要になる。どの数がわかれば求められるのかを考える。どのようなきまりが使えそうかも考えることによって、まとまりの数に着目して、きまりを使うと求まることを共有する。

②かけ算の性質に着目しながら、5の段の九九の構成を考える

アレイ図を基に、かけ算のきまりをどのようにすると用いることができるかを考える。4の段＋かける数、2の段と3の段の合成が使えることを、図を基に話し合う。また、倍の考えは5の段では使えないことにも気付けるようにする。

③数量関係に着目することのよさに気付き、学び進む態度を育成する

5の段まで自分たちで行った構成の仕方を確認し、学び進む態度を育成する。5の段の九九には、多面的に見ることができたことを振り返り、6の段以降もこれまでの方法のどれかを使えば、九九の構成をすることができることに気付けるようにする。

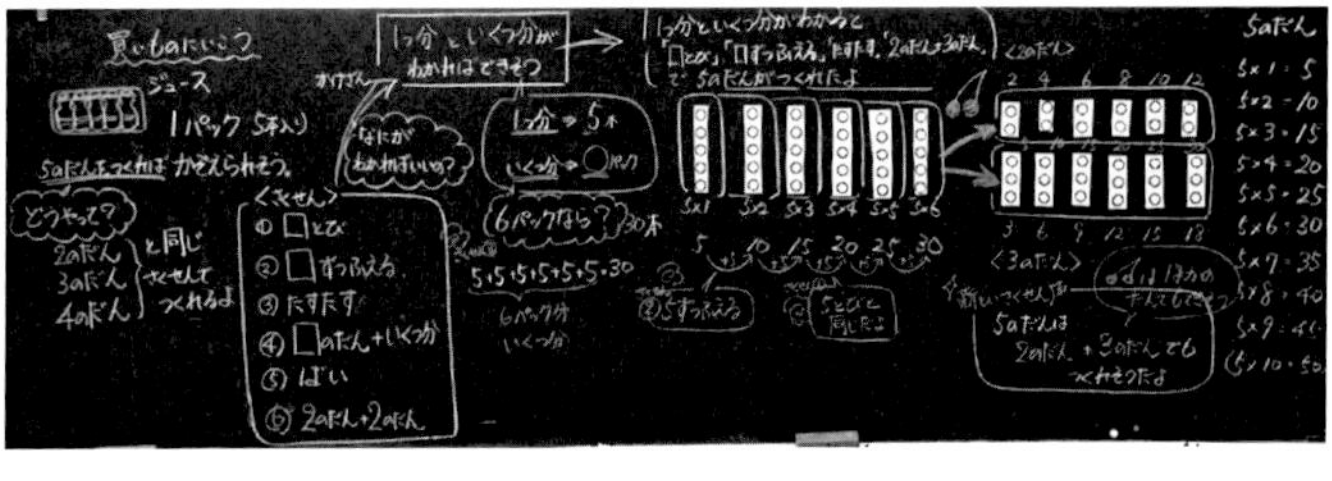

への接続が滑らかに進まなかったという現実があったからです。

2年生の指導をされたことがある方は、想像してみてください。かけ算(2)の単元の導入の最初の授業で6の段の構成について学習する際、どのような展開になるでしょうか。

これまでは、「今まで勉強してきた2の段から5の段で学んだことを使って6の段をつくりましょう」と課題を提示して子どもたちに考えさせてきたのではないでしょうか。

今までに、5ずつ、4ずつ、3ずつ、2ずつ累加して構成することを学習してきました。その方法を用いると、6の段でも子どもたちは当然6ずつたしていくと考えるでしょう。頑張って6、12、18、24……とたしていこうとするはずです。しかし、先生はここでそれ以外の考え方はないかと問います。累加以外の方法はないかということです。

子どもたちは急な問いかけに戸惑うでしょう。今までは、2の段、3の段、4の段、5の段を構成してきたときは、他の段を用いることなんて気にせず考えてきたからです。それぞれの段を独立して取り上げて構成して、九九を唱えることを経験してきたわけです。そして、多くの子どもは帰宅してお風呂に入って「にいちがに、ににんがし……」というように唱える練習をしてきたわけです。

それが6の段の学習になった途端に、「他の段のことも用いて構成を考えよう」となったのですから、驚くのも無理はありません。他の段のことも用いて6の段を構成していこうと言われても困ります。

子どもができるようになったことを活用しながら学ぶことができるようにするために、もっと早い段階から他の段との関連を考えた方が自然なのではないか、というのが提案の主旨です。

5の段は4の段の下にただ1個ずつ増えていることを子どもが見つけていく展開からは、かける数ずつ増えていることがわかりますが、このような気付きから九九の構成がはっきりと見えるようになります。同じように考えれば、6の段の場合は5の段の下に1個ずつ、さらに7の段であれば5の段の下に2個ずつ増えていることがわかります。

そのように考えられる子どもに育てていけば、かけ算(2)に入っても子どもは戸惑うことなく問題なく学び進んでいくことができるはずです。子どもができるようになったことを使って、どんどん先に進めることができます。**何ができるようになったかということを自覚しながら考えていくこと**ができるわけです。

自分ができるようになったことを自覚するためには、まずは**学んで身に付けたことを言語化することです。それによって概念化が進むのです。**教師には**このプロセスを可視化し**

て子どもにそれらを確認させていくことが期待されます。

つまり、自分が言っていることが具体的にどんなことか、子ども自身がイメージできるかどうかなのです。

例えば、アレイ図にして表現できるかどうかであったり、おはじきの図を使って友達に自分の考えを伝えられるかどうかであったりです。

そのようなことを自在に行える子どもにしておかないと、他者を説得することはできません。ただ、残念ながら今回の授業においては、そこまで押さえることはできませんでした。「○飛び」や「○ずつたす」といった同数累加、つまり加法的思考がメインでした。たし算の考え方が中心で終わりました。

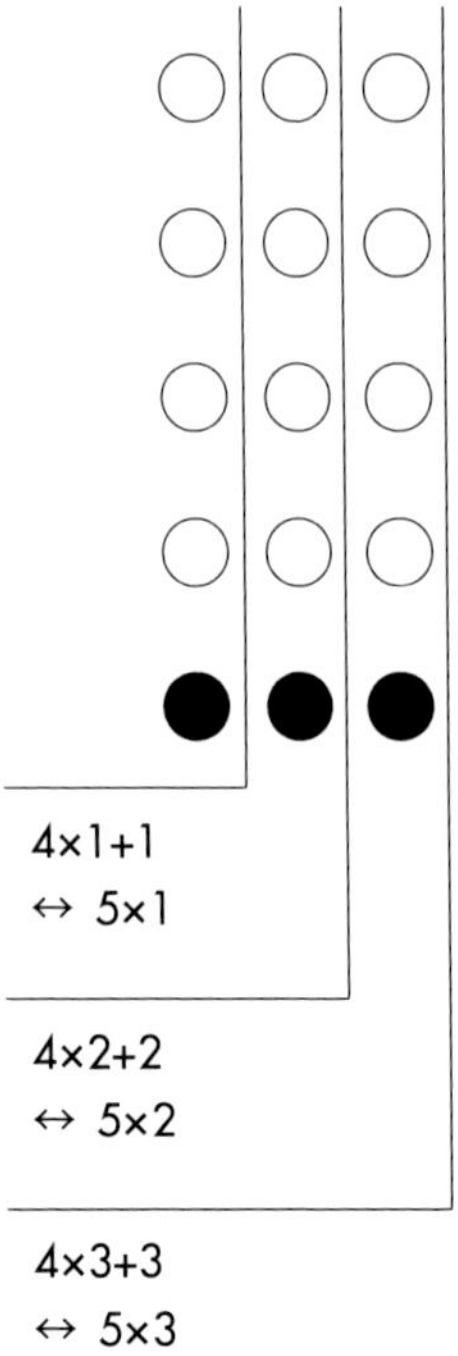

授業後半に「○の段＋いくつ分」という考え方が出てきましたが、ここは先述の通り、アレイ図などを用いてかけ算の性質を視覚的にも理解させておく必要が

あります。アレイ図で説明しながら、4×1＋1、4×2＋2……と式に書いて、その関係を確認していく必要があります。＋1はどういう意味か、＋2、＋3は……ということを子どもが説明できるかどうかが授業の肝になります。

もう一つの思考や表現を支えるものとして活用できるのが、いわゆるサクランボ計算です。2×3と2×3が、4×3となっている図との対応です。これを子どもたちが自分の表現ツールとして使いこなせるかどうかも肝心です。具体である図と形式である式との関係を行き来しながら、説明ができるようにしたいわけです。

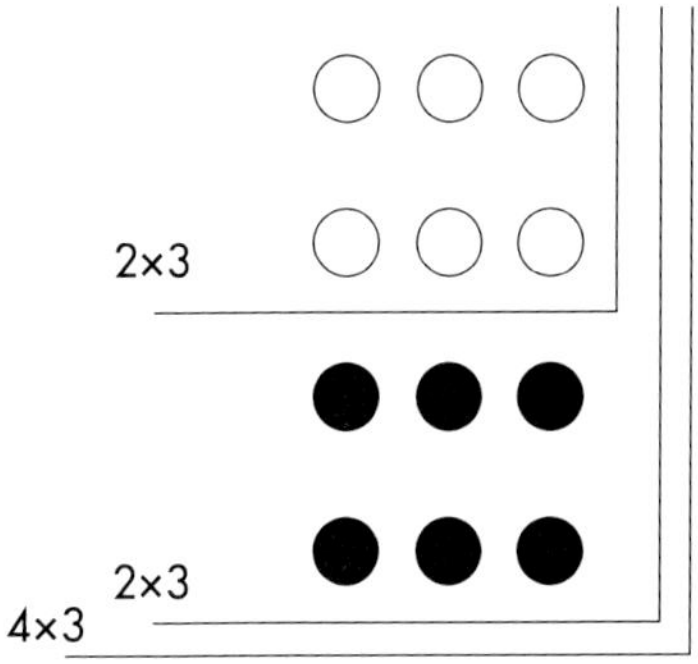

ゴールから学びを描く

資質・能力ベイスの授業づくりでは、授業のゴールイメージの問い直しが求められ、同時に「**ゴールから学びを描く**」ことが期待されています。このことは**教科目標の柱書を逆読みして授業を創ること**とも言えます。

具体的にどのようなことなのかを、かけ算(2)の実践（ただし、先述の教材とは異なる実践）を通して確認したいと思います。

5の段の構成において分配法則に取り組むためには、子どもが数量の関係に着目してその関係に関心をもたなければなりません。例えば、2のまとまり、3のまとまり、そして5のまとまりです。2、3、5の関係に着目してそれをいかすことが、一つ目のゴールです。先に取り上げた実践の問題点は、ジュースは5本パックになっていて分ける必要がないということでした。分ける必要がなければ2の段と3の段を組み合わせるという思考にいつながりません。

もう一つは、数学的な見方を働かせたくなる展開と算数・数学らしい思考や方法を働かせる場面をいかに設定するかです。**根拠を明らかにして筋道立てて説明すること**を期待したいわけです。また、ここでの根拠とはかけ算の性質やきまりのことです。**かけ算の性質やきまりを使いながら、新しい問題を解決していく**ということが、二つ目のゴールです。

では、実際の授業の話に入りましょう。

「この時期（10月）の街はハロウィン一色で、デパートなんかに行くと、その手のグッズがたくさん売られています。そこで、私もハロウィン用にかわいいリースをつくることにしました。

お店に行くと2個入りの飾りが売っていました。それから、3個入りと4個入りも売っていました。コウモリやカボチャなどがついた飾りが、2、3、4個入りとセットで売られているわけです。

では、これらの飾りを使っ

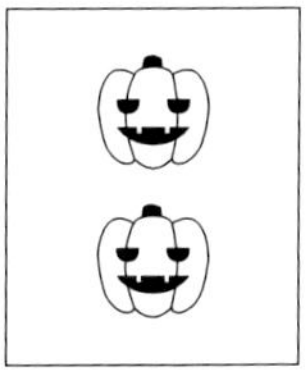
2個入り

3個入り

4個入り

てリースをつくります。ちなみに、一つのリースに10個の飾りをつけたいと思っています。皆さんだったら、何個入りの飾りを買いますか？」

これが問題です。

子どもたちに聞いていくと、「2個入りを5個」などと言うでしょう。先生も「すばらしいですね。皆さんは、もう2の段を勉強したの？」と切り返しながら、式を尋ねます。

2×5＝10

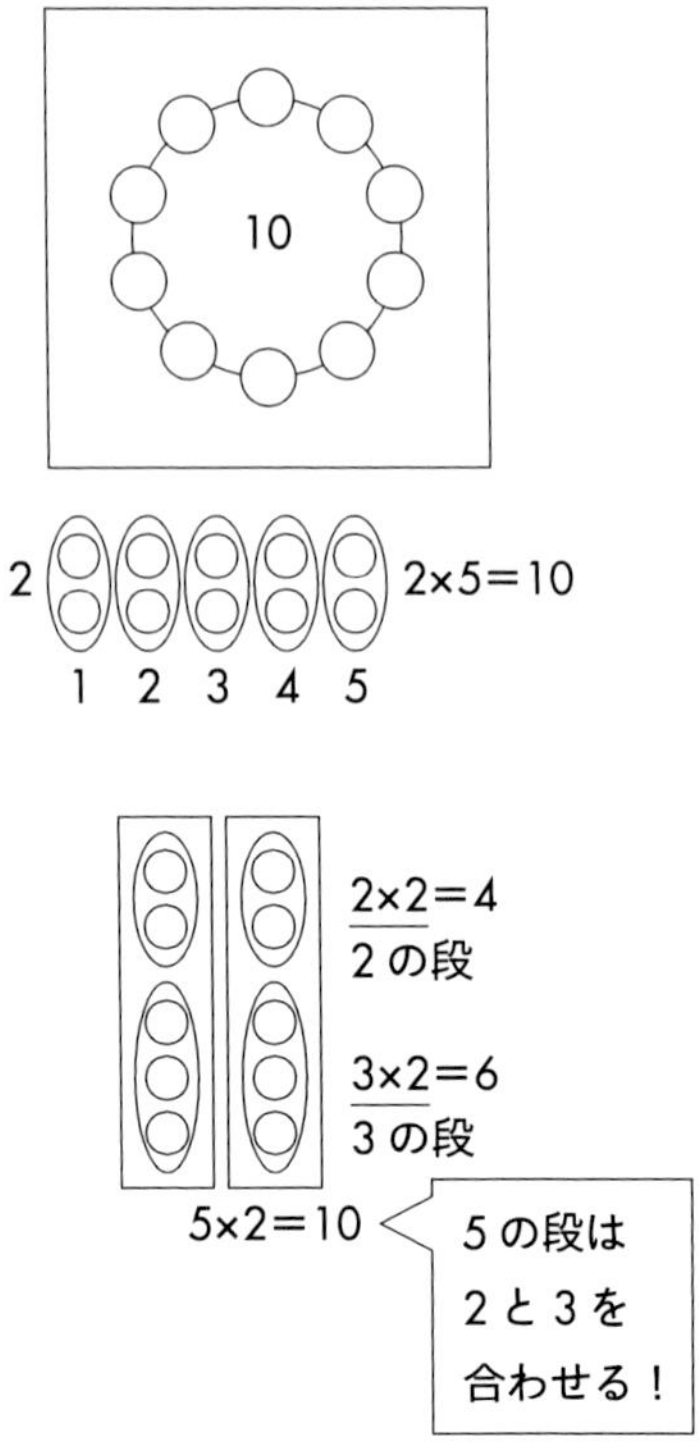

答えが一つできました。

ちなみに子どもたちは、この問題をわり算で考えています。当然のことながら10個を2個入りでつくるという思考のプロセスは除法的です。

さて、答えが出たからこれで終わり……というわけではもちろんありません。

今度は、2個入り以外のものを混ぜて買うことができるかを問います。すると、2個入りと3個入りを買う、という意見が出るでしょう。2個入りが2つ、3個入りも2つ。

「どうしてこんな買い方をするの?」と聞けば、「合わせて10個になるからです」「5と5で10になります」などと答えてくれるはずです。

式にすると5×2＝10ですが、5の段はまだやっていません。そこで5についてさらに突っ込んでいくと、2×2と3×2に分かれます。それらを可視化していくと、2と3のサクランボが出てくるはずです。

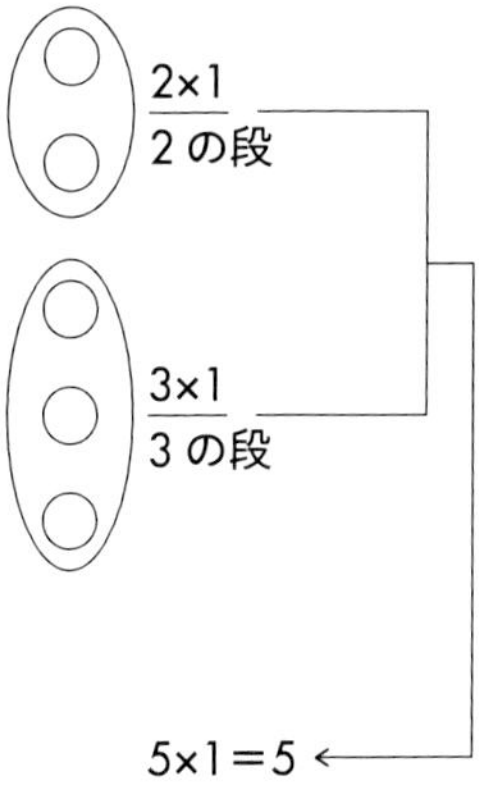

そして、5の段と、2の段と3の段とはどのような関係になっているのかを考えさせます。すると、子どもからは「2つの段を合わせれば5の段になる」という声が出てくるでしょう。これは子どもたちにとって大きな発見です。

これでまたリースができました。しかし、まだ終わりではありません。

次はどうするでしょうか。

5個の飾りをつけたミニリースを三つつくります。さて、いったい飾りは全部でいくつ必要でしょうか。

15です。そうです。今度は、何を何個ずつ買えば15個になるかを考えるわけです。

子どもたちに促すと、いろいろな答えが挙がってきます。例えば、2を3個、3を3個はどうでしょう。つまり、5が3個分で15になります。

ここで5は何のことかと尋ねれば、2＋3を押さえられます。2×3＝6と3×3＝9は、2の段と3の段で、まとめて見ると5×3＝15で5の段となる。つまり5の段は、2の段と3の段を合わせればできることがわかります。

授業ではこの後、5×1に戻って考えていきます。

5×1も実は、2×1と3×1になっている。そして、ここでも2の段と3の段で5の段になることを繰り返して確認していきます。**重要なところを何度も繰り返して明示的に指導することが大切です。**このように指導していくことで、子どもはやっていることが腑に落ちるようになるわけです。何ができるようになったかの価値を自覚化していけるようになります。

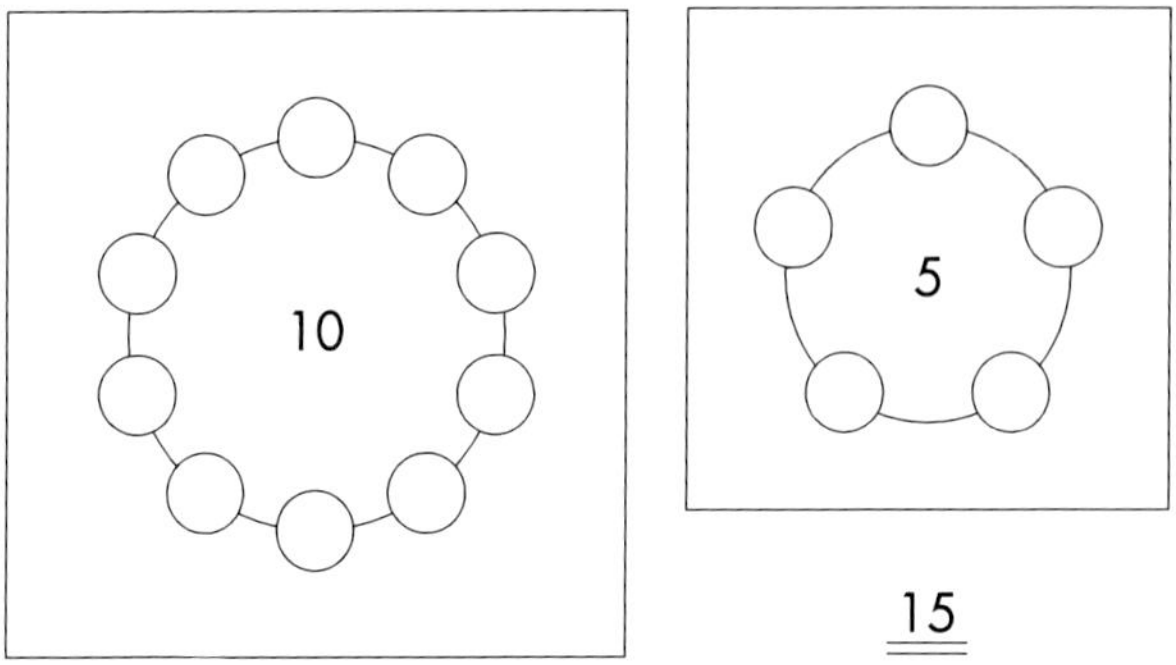

15

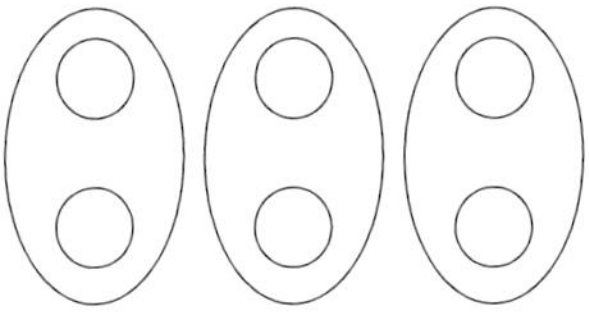

$2\times3=6$

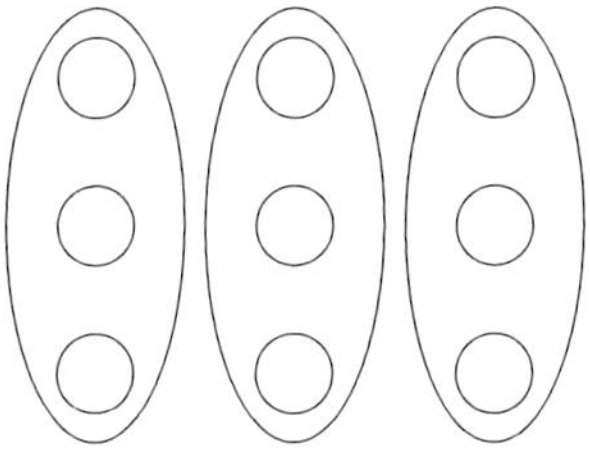

$3\times3=9$

$5\times3=15$

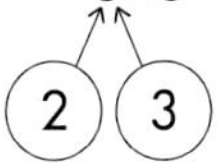

ただ、5×1＝5というのは、本当はなくてもいいわけです。そもそも×1なんて計算しなくても答えは自明です。意味はないでしょう。しかし、それでも押さえるのは、**補完して形式として整える必要があるからです。統合的に考える上で欠かせないこと**です。

15個の飾りのリースを考えたら、これで終わりでしょうか。まだ問い続けさせていきます。次は、20個で考えます。ただし、もうここからは子どもたちに任せます。

「さあ、この先は自分たちだけでやってごらん」「先生とどちらが早く答えが書けるか競争しよう！」「図にかいて説明できるかな？」などと促していけば、子どもたちは猛然と取りかかるでしょう。

ここからは終盤のポイントです。子どもたちに新たな見方で考えさせる場面をつくります。5、10、15、20……と眺めて、何が見えてくるでしょうか。

まずは、今までに習ったかけ算を振り返ります。2の段、3の段、4の段のときは、何とびだったでしょうか。

2飛び、3飛び、4飛びになっていることを再確認します。では、5の段はどうなっているかです。ここで5飛びになっていることを確認して、今までのかけ算での約束事にもう一度戻るわけです。2の段のときは2ずつたしていました。3の段のときは3ずつ、4

の段のときは4ずつ。5の段はどうでしょう。5ずつたしても大丈夫そうですね。5の段もこれまでの段のときと同じ約束事が通用しそうだということを確認していくわけです。

次に、本時の山場、「○の段といくつ分」という話です。5の段は何の段にいくつ分がたされているのでしょうか。4の段ですね。

つまり、飾りが4個入りのセットを買ってリースをつくることができるでしょうか。例えば、10個のリースをつくるときに、4個入りは何セット使いますか。2セットですね。4×2です。ここにいくつたせば、10個になりますか。そう、2個です。

4×2＋2の＋2の分をそれぞれ4に加えるとどうでしょう。それぞれが5となり、5×2となります。

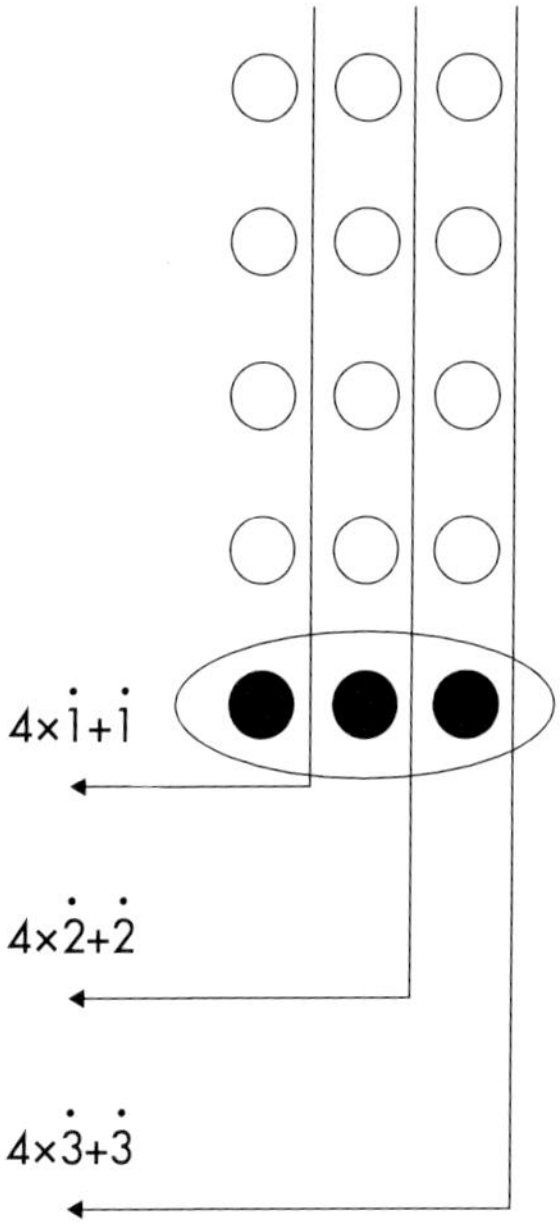

では、15の場合はどうでしょうか。4個入りが3セット。そして、ばら（1個）が3セット。4×3と3なので、合わせるとどうなりますか。5×3になります。こうして、5の段が「○の段

といくつ分」で考えることができるようになります。

この授業の主張は、乗法的思考というよりも除法的思考を用いているということです。つまり、最初に積を示しておいて、それを表すかけ算の式をつくろうというものです。

これまでの多くの実践では、数量を増やしていく過程で見えてきたきまりを整理していくという展開でしたが、それを捉え直して授業のゴールを変えたわけです。

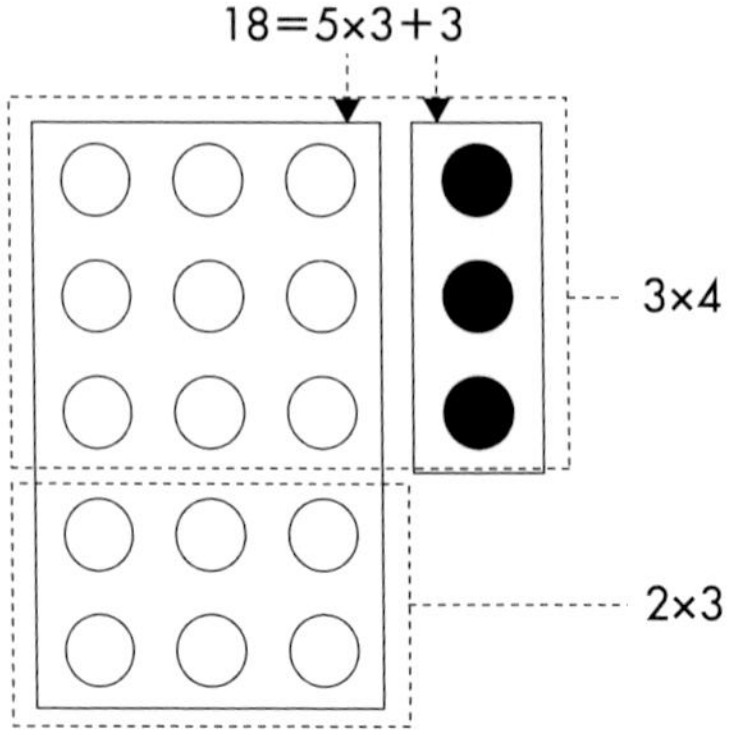

さて、授業はここで終わりではありません。もう一歩先にチャレンジを進めています。
15、20……と進めた後、今度は18個の場面を提示しました。子どもたちに、「18個必要だけど、買えるかな」と問うと、大半の子は「買えない」と言います。それはなぜでしょうか。5の段には、18がないからです。
しかし、よく考えてみると決して買えないわけではないこともわかります。18というのは、15にいくつたした数なのかを考えれば見えてきます。3です。3個入りを加えるだけで、つまり、3×4と2×3になるわけです。

このように1以外の自然数Nは2の倍数と3の倍数の和で表現できます。$2n+3m=N$と表現されます。

ちなみに、中学校2年生になると、連立二元一次方程式をやります。この場面を連立二元一次方程式で表してみましょう。

全部で18の場合、xを2のまとまりの数とし、yを3のまとまりの数とします。そうすると、2個入りと3個入りの袋の総和は7袋ですから、$x+y=7$となります。また、xは2個ずつ、yは3個ずつですから、全部の飾りの総数は、$2x+3y=18$となります。この二つの方程式を加減法で解くと、yは4になり、xは3になります。

この$2n+3m=N$の関係で表現できる場面は、私たちの身近なところでたくさんあり、それが学習課題にも使われています。

例えば、新幹線の座席です。2列と3列で構成されており、一人以外の場合は仲間外れが出ることはありません。つまり、19人という素数で乗ったとしても、2人掛けが5つで10人、3人掛けが3つで9人など、一人で寂しく座ることにはならないのです。

$$2n+3m=N$$

$$x+y=7$$
$$2x+3y=18$$
$$x=3$$
$$y=4$$

子どもが算数の本質を追究する学び

図形領域における数学的活動をどう組織するか

算数の本質を追究するためには、内容論と方法論の両面から考えていかなければいけません。特に今回の学習指導要領の改訂の主旨に沿った形で、丁寧に内容分析をした上で数学的活動を組織し、それを踏まえた授業改善が必要になってきます。

そこで本節では、具体的にどういった活動を組織していけばいいのか、方法論的に何が重要なのかについて述べていきます。

まずは次頁の問題をご覧ください。

これは、平成27年度の学力テストの小学校A問題です。資質・能力ベイスで内容をどのように捉えたらよいかという、当時の象徴的な問題です。
(1)は、㋐の角の大きさがだいたいどのくらいであるかということですが、答えは３番の１８０度以上で２７０度未満です。(2)は㋐の角度を分度器を逆さまにして測ってみるという問題で、答えは２１０度となります。
さて、この二つの問題ですが、通過率は(1)が81・4％で、(2)が58・2％となっています。つまり、**１８０度以上で２７０度未満ということがわかっていながら、2問目は6割弱の子どもしか解けなかったわけ**です。しかも、１５０度と答えている子どもが３割強もいました。

今回の学習指導要領の解説は、このような実態を踏まえて書かれていますが、「図形として何を学ぶのか」「資質・能力ベイスの学習指導要領から角の授業をどう捉えればよいか」ということを述べていきます。

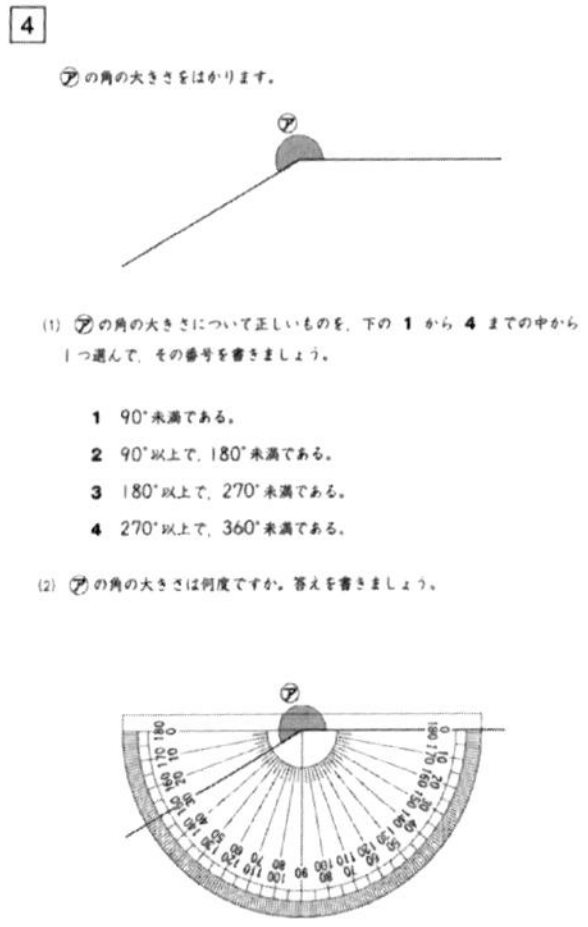

4
㋐の角の大きさをはかります。

(1) ㋐の角の大きさについて正しいものを，下の 1 から 4 までの中から 1 つ選んで，その番号を書きましょう。
1 90°未満である。
2 90°以上で，180°未満である。
3 180°以上で，270°未満である。
4 270°以上で，360°未満である。
(2) ㋐の角の大きさは何度ですか。答えを書きましょう。

Ｈ２７全国学力・学習状況調査　小学校算数Ａ

図形については、まずは領域の変更について考えなくてはいけないでしょう。これまで「量と測定」領域に入っていた計量の部分が、「図形」領域に位置付けられました。ですから、図形の計量の部分をどのように捉えて授業を創っていくのかについて確認しなければなりません。また、領域を貫いている数学的な見方・考え方はいったい何かについても捉える必要があるでしょう。

解説（50頁参照）には図形領域のねらいと内容の概観として「図形の計量の仕方について考察すること」という記述があります。

ここで注目したいのは、領域のねらいの「思考力・判断力・表現力等」の部分に「図形を構成する要素とその関係、図形間の関係に着目して、図形の性質、図形の構成の仕方、図形の計量について考察すること。……筋道を立てて説明すること」と書かれていることです。

続いて「知識・技能」には、「図形についての豊かな感覚の育成を図る」とあります。つまり、先程の「180度以上、270度未満」と言っておきながら、一方で「150度」と答える子どもが3割強いるということは、図形に関する感覚そのものが非常に脆弱であるということを物語っているわけです。このような状況も含めて知識・技能として、これから何に関心をもつべきかが問われているのではないでしょうか。

解説（212~213頁参照）の第4学年の図形の「角の大きさ」には二つの内容が示されています。一つは、「角の大きさを測定する」ことで技能です。そしてもう一つは、「角の大きさを柔軟に表現したり、図形の考察に生かしたりする」ことです。これが一体どういうことなのかを押さえなくては、いくら授業が活発でも結局何をやったのかわからないということになってしまいます。

さらに、解説を読み進めていくと、「図形の角の大きさを測定したり、示された角の大きさを作り確かめたりする経験を豊かにする。その際、角の大きさについての感覚を培う観点から、角の大きさの見当を付け……」と書かれています。この背景には、先ほど紹介した平成27年の学力テストの結果に見られる子どもの実態があるのです。

つまり、**既習の2直角、いわゆる平角が、直線と角の大きさとの関係性といったようなことに、どれだけ授業の中で手厚いフォローができているか、そこに関心が向いているかどうかが大切**になってきます。

2年生で学習した直角（R）、そして2Rが平角ということをしっかりと確認した上で、「直線よりも30度大きい」「360度よりも150度小さい」といった角の大きさを柔軟に表現することの意味理解を図れるかどうかです。仮に子どもがそのことを言ったとしても、ただそれを板書するだけでは、子どもの中ではまだ腑に落ちていません。そこで行われていることの価値がどのようなことなのか、気が付かないまま授業が進んでしまうことがあります。

この場面では、「2直角」と「4直角」「直線」「直線に2直角加わった上での一回転」が重要になります。なぜなら、「直線を用いると測らなくてもいい」からです。ここに数学的な価値があり、それを教師が価値付けてあげる必要があります。

ですから、**子どもがいいことを言ったら、教師はその価値をもう一度振り返ってあげます。これを明示的指導と言います。**このようなことがしっかりとできるかどうかが、これからの授業では重要になると言えるでしょう。

見方・考え方が成長する振り返りの在り方

続いて、数学的活動をいかに組織していけばよいのか、方法論のレベルアップをどう図っていくのかについて考えていきます。

ポイントは、本書の31頁でも紹介した学習過程のイメージ図にあります。小学校、中学校、高校すべての校種の算数・数学において、図の学習過程を意識しながら、**これまでの算数的活動の解釈を大きく変えて、数学的活動を日々の授業の中に可能な限り位置付けていきます**。そして、**常に学習の様々な場面で子どもたちがやったことを振り返るとともに、その先を見通していくという、見通しと振り返りの両面から省察していくことが大切**になってきます。

とは言え、あれもこれもと欲張ってしまうと、それだけで行き詰まってしまい、授業改善そのものが厳しくなってしまう可能性もあります。それでは元も子もありません。ですから、どこに力点を置いて取り組んでいくかについて、実現可能な形で考えていくことも必要です。

大切なのは、**数学的活動の充実を目指した授業を描く**ことです。子どもの中に潜在化している見方・考え方をまずは顕在化します。

「なぜ、君はそんなところに目を付けたの?」「なるほど、そこは測らなくてもいいからか。いいことに気付いたねえ」…というふうに、授業の中で教師が取り上げ、価値付けてあげるのです。

こうしていけば、「180度よりも大きい角度は、皆が持っている半円の分度器ではそのままでは測れないけれども、もしかしたら測れるようになるの？」となっていきます。そして「半円の分度器でも図れる方法を考えてみよう」という問題が、算数の舞台に乗るわけです。

次に解決段階では、子どもたちが直線を引いて、180度に残りの部分を加えていくか、あるいは360度からいらない部分をひくといういずれかの方法をとるでしょう。先の学力テストの問題で言えば、下側に向いている分度器で一度で測ることができます。

ここで重要なのは、このように課題解決したことで、どのような見方を獲得したのかということです。

学力テストの2問目の問題と同じ場面を授業で扱ったとき、学習指導要領の内容に書かれていることの裏側をしっかりと解釈しなければいけません。特に、思考力・判断力・表現力等に示された「角の大きさを柔軟に表現する」というのはどういうことなのかをしっかりと押さえておきたいところです。そして、それを踏まえて何を考察するかに関心をもちたいのです。

実際に私が授業したときは、最初にアの大きさを測ろうということで、「角アの大きさを調べよう」としました。

「大体どのくらいかな？」と子どもたちに問うと、「200度くらい」と返ってきました。「どうして200度くらいと予想したんだろうね」と他の子に尋ねると、「だって、180度を超えてあとは20度くらいだから」との返答がありました。180度と20度をたして200度というわけです。

続いて私が「では、180度っていうのはどういうこと？」と聞いたら、「半回転！」「直線！」といった声が上がりました。ここでこの直線が2直角、180度、平角であることをしっかりと押さえる必要があります。

ここで私は「180度を超えると、皆さんの分度器では測れないね」と呟きます。すると、子どもたちからは「ううん、測れるよ！」と返ってきます。

子どもたちの関心は、180度にあと20度をたせばいいというところに行っているので、多くの子は「たせる」と思っているわけです。その様子を見て、私は「じゃあ、測ってごらん」と促します。

一人目の子どもは、直線を引いてそこから測って30度、たして210度と答えを出しました（次頁右図）。私はこのとき、180を青いチョーク、30度を赤いチョークで書きま

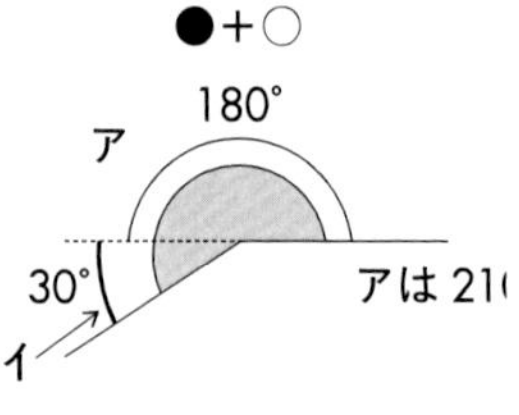

式 180°+30°=210°

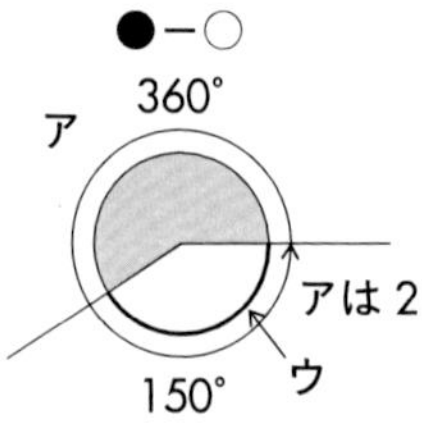

式 360°−150°=210°

した。青は「測っていない部分」、赤が「測った部分」を視覚的にわかるようにするためです。

二人目の子どもは、一回転からウの大きさを測ってひいています(左図)。

私は二つの図の上に、「●+○」「●−○」と板書しました(●が青、○が赤)。これが意味しているのは、「二つのやり方は似ていませんか」ということです。一方はたし算で、もう一方はひき算ですから同じではありません。しかし、「似ているところはどこですか」と尋ねれば、「一度しか測っていない」ことが挙げられるでしょう。

では、どうしてそんなことができるのかというと、「直線は測らなくていい」「それは2年生のときに勉強している」からです。第2学年で扱った図形の概念の「直線・直角」を用いたわけです。ここに立ち返ってその価値や働きを認めるようにします。

授業の終盤、私は用意していた全円分度器を子どもたちに見せました。「いいでしょう。私はこんな道具を持っているんだよ」と。

すると、何人かの子は興味をもっていましたが、ある子が「そんなものはいらない」と首を振っていました。

「どうしていらないの？」と尋ねると、「だって、角度は半円だけでも測れる」「直線を引けば、あとは半円だけで大丈夫だ」と答えてくれました。なかには「そんな全円分度器を持っていたら、子どもが勉強しなくなる！」なんて言う子もいました。

さて、改めて授業を振り返ってみましょう。まずは180度への着目、続いて2直角＝平角＝180度＝直線を押さえます。ここで直線をいかした測定ということを確認し、さらに二つの測定を比較します。焦点化された問いはここです。「比べてみてどんなことがわかるか？」です。

わかったことは、共通している部分です。つまり、「部分と部分をたしている」あるいは、「全体から部分をひいている」ということです。両方とも直角や4直角をいかしている、今まで勉強していることをいかしているということです。そして、**「測らなくていい」という、一歩先の価値に気付いている**のです。

続いての振り返りは、計量の効率性の確認です。一回しか測らなくていいということです。全円分度器ならまだしも、半円の分度器でも一回の計量でいいのです。子どもたちはこういった仕事の価値がまだよくわかっていません。だからこそ、教師がそこに気付かせて、価値付けてあげる必要があります。「君たちは、すごいことをやっているんだよ」と。そして、最終的には、半円分度器の価値、直線の働きの確認を押さえていきます。

こうして考えていけば、「みんなの分度器はなぜ半円なのか」について答えられるでしょう。普通は「全円だと筆箱の中に入らない」と思うかもしれませんが、そうではなく、半円でも測れるからです。ここに数学的に考えるよさが実感できるのではないでしょうか。

子どもが言った**「測らなくてもいいところは測らなくてもいい」**は、**「なるべく簡単に仕事は済ませよう」という先人先達の知恵**なのです。こういった知恵を学んでいくことを大事にしていきたいと思っています。

数学的な見方・考え方の成長というのは、できるようになったことの価値の確認でもあります。だからこそ、この見方・考え方を働かせた数学的活動は、大きく授業を変えていくのではないかと考えています。

解決方法への価値にもっと関心をもってもらいたいのです。もっと言うと、解決方法の価値を多面的に確認してほしい。実はこの半円の授業は、5年生のL字型の面積と同じことをやっています。「部分と部分をたす」や、「全体から部分をひく」というのはまさにそうでしょう。

能力というのは、内容（コンテンツ）の活性化、いわゆる意味的な理解を使うことで支えられています。内容の累積だけでは力はつきません。体系化・活性化されて意味的に理解した知識を獲得しなければいけません。

つまり、「直線というのはどういうものかがわかる」ことが重要です。「直線にはすごい働きがある」ということがわかる子どもに育てなければいけません。そのために、教師は熟達した方略で明示的指導を繰り返します。内容の意味的理解によって、2年生の指導内容を、4年生の指導にも生かすことができるかということです。

そして、最後はオーセンティックで明示的な指導です。**オーセンティックというのは、日常事象のことだけではありません。今まで学んだことはすべてオーセンティック**です。子どもが獲得した「直線の働きやよさ」や「半円分度器の有用性」もオーセンティックなのです。子どもたちは、生活創造をしたことになるのです。

この授業において「直角を用いて角の大きさの見通しをもつとともに、それを活用して問題解決ができる」ことと、「測定の際に、労力・無駄を省き、効率的かつ能率的に仕事ができる、協働の成果の価値に関心をもつ」ことができるようになったわけです。

これらは、学習指導要領の内容にある「柔軟に表現できるということ」のさらに先にあることです。ここに関心をもってもらいたいのです。**文化創造と生活創造の両面から分析してほしい**のです。

子どもたちには「こんなことができるようになったから、分度器が半分になっても大丈夫！」と言えるようになってほしいものです。

さて、先の授業の視点を変えましょう。見方の役割というのは、**主体性を支える導入**です。自分なりの解の見通しと、既習の2直角との関係性に関心をもつとともに、測定方法のアイデアにももっと関心をもって、方法の意味を統合的に捉えていきます。これが見方の成長となります。

そして、考え方の成長は、**測定方法の比較によって意味的理解を深めていく**ことです。

さらには、**合理的な計測による労力の軽減に関心をもち**、最終的には**数学の価値への関心や追究する楽しさ、先人の文化を創る知恵の実感等を感じていく**ように授業を創っていき

A2 数学的に表現した問題

半円分度器で測れるか？
このままでは難しい…

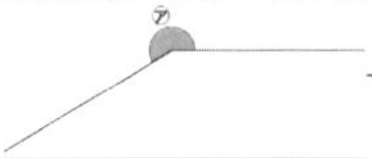

・180°は超えている
・直線より大きく広がる

この2点に
関心をもたせて…

B 焦点化した問題

180＋い

比較

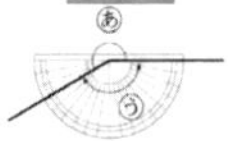

360－う

解決・解釈して、その共通点を見いだしていく

C 結論

部分＋部分
2直角をいかす

180°＋α

共通

360°－β

全体－部分
4直角をいかす

今まで勉強してきたことをいかすと、「測らなくていい」と、もう一歩先の価値に気付き始める

C 結　論

180°＋α
比較
360°－β

180°・360°
2つの共通性

子どもの「測らなくていい」という言葉を使う

D2

共通

180°＋α
測定×＋測定○
360°－β
測定×－測定○

振り返り・統合

不要な部分を
測定しない

2R・4Rの活用

表現・処理したことを
振り返る

測定×±測定○
180°以上の
大きさの部分だけを測定

不要な部分を
測定しない

2R・4Rの活用

みんなの分度器はなぜ半円なの？
全円分度器は必要ないの？

筆箱に入らないからではなくて…
180°以上の大きさの部分だけ
を測定すればいいのだから…

数学的な見方・考え方のよさを実感する。
「測る必要のないところは測らなくていい」という子どもの言葉こそが先人先達の知恵・価値となるところ。なるべく簡単・的確に処理できるのであればそれに越したことはない。こうした知恵を学ぶところを大切にしたい

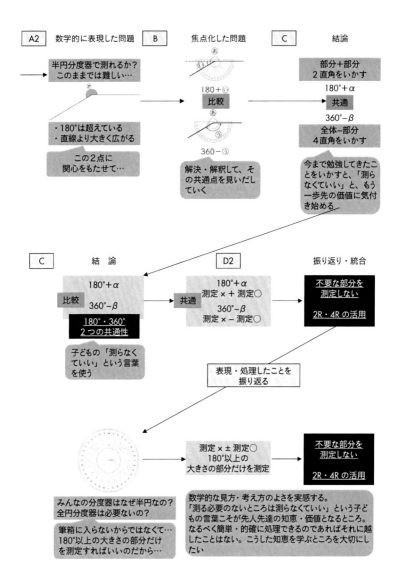

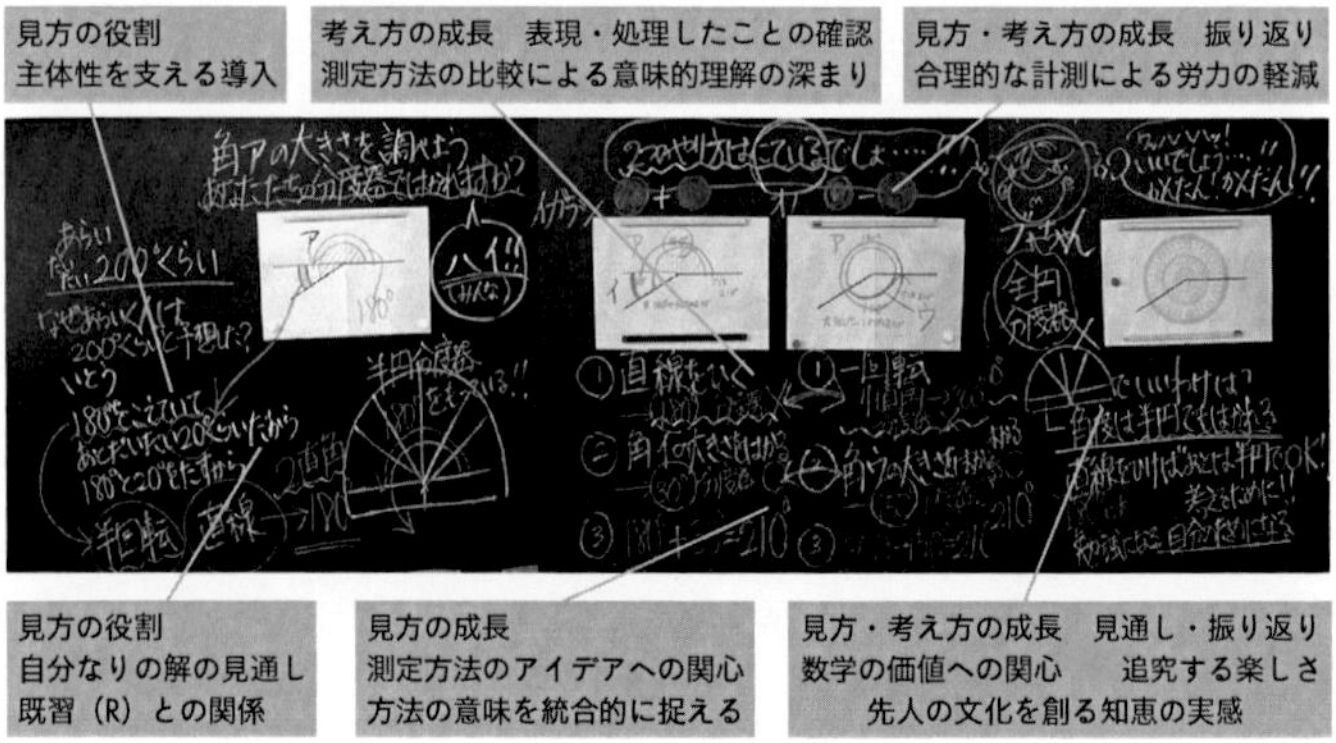

たいのです。

なぜ、このようなことを学ぶのかが問えるようにしたいです。ただ分度器を使えればいいというのではなく、分度器の裏側にある文化や知恵を考えなくてはいけないと思うのです。単に計器を使って量を測定することで終わらずに、測定に既習事項を活用した工夫やそのよさを確認する、何気なく行う操作のもつ数学的な価値について確認する授業を創っていってほしいと思います。

第３章

単元のリデザインを目指す

なぜ単元をリデザインする必要があるのか

ここまでは、「数学的な資質・能力」「数学的な見方・考え方」「数学的活動」といったキーワードをもとに授業改善の方向性について述べてきました。

本章では、単元展開を見直していく必要性について考えていきます。

算数における単元は、一般的に「教材単元」と言われています。学習指導要領に示されている指導内容がパッケージ化されて、それが単元としてできあがっています。この「教材単元」の対になるのは「経験単元」です。

「経験単元」とは、子どもの生活の中から教科の内容を構成する、つまり経験主義でできあがっているものです。古くは、大正期のジョン・デューイのシカゴ大学の実験学校での実践に代表される経験主義を系譜とした学習形態です。戦前の緑表紙教科書も経験主義に基づいて構成されていました。

戦後間もない頃、昭和20年代に出された学習指導要領試案に基づく当時の教科書も「経験単元」によって構成されていました。しかし、「這い回る経験主義」などと言われ、時間ばかりかかるけれどもなかなか効果が上がらないなどという反省や、スプートニク・ショックなどの世界の動向の影響を受けて方針転換が起こりました。そして学習指導要領のシラバス化が進み、「教材単元」で構成されることになりました。

さて、「教材単元」の歴史的経緯を踏まえた上で確認したいのは、**教科書などにユニット化されて「単元はあるもの」「単元は決まったもの」ではなく、教師が教科書などを踏まえて「単元は創る」ものである**ということです。

学習指導要領という意図されたカリキュラムに示されている内容を、各学校がその学校の子どもたちの実態に合わせて創るのが教育課程であり、そこに単元が位置付いているのです。学校長に自校の教育課程の編成権があり、「単元」というのは各学校が、そして教師が創るものであって、それが実践を通して実施されたカリキュラムとして位置付いていくものです。そこを間違えてはいけません。

しかし、いつの間にかこの「単元」が、教科書でパッケージ化されたものになってしまい、それをそのまま使用することになっています。「単元」を創るという大切な仕事が行われなくなってしまっています。

もちろん「単元」を描くことは、難しい仕事です。ですから、**教科書等に示された「単元のリデザインを目指すこと」を意識すべき**なのです。

では、単元のリデザインが必要なのはなぜでしょうか。また、リデザインはどのように行うべきなのでしょうか。

ここでは4年生の割合の指導を例に述べていきます。

今回の学習指導要領では、第4学年の内容がこれまでとは変わっています。大きな変更は「割合」です。**「割合として見る」**ということが、明確に指導内容として位置付けられたことです。割合として見るという学習内容を充実させたいために、いくつもの内容で構成されています。

一つ目は、小数の意味の拡張（190〜191頁参照）です。これは、小数でも「倍」が表せるということです。今までは、小数は2.3mとか6.5kgといったように、「量」を表すものとして扱われていましたが、小数でも「倍」を表せることを学習することにしています。

二つ目は、わり算の意味（188頁参照）です。わり算の意味について、「比の三用法」のそれぞれの側面から指導することです。これはわり算と言いながら、かけ算・わり算を扱っています。さらに、ここでは改めて「倍」についての理解を深めます。

そして三つ目は、今回の学習指導要領（217〜220頁参照）で新設された「簡単な割合」です。学習指導要領では、このように「割合として見る」ことに関する内容が別々のところで顔を出してきますが、それらはどれも密接な関係があります。

これらをそれぞれ独立したものとして扱うと、学びの効果は薄れてしまうでしょう。ですから、これらの内容をどのようにつなげて指導していけばよいのか、どのような単元として組み合わせていけばよいのか、単元同士をどのようにつなげていけばよいのかを考えることが大切になるわけです。

教科書でも、これらは別々の「教材単元」の中で扱われています。それは、学習指導要領に示されていることが、内容として教科書に明示されていないと検定という審査を受ける上で難しいということもあるでしょう。また、従来型の「教材単元」のパッケージで示した方が内容がはっきりするので、指導者側に伝わりやすいということもあるのかもしれません。

しかし、教科書に別々に掲載されていると、教科書を用いて指導する教師はそれらを別々に指導することになります。結果、子どもたちは、「割合として見る」という重要な考え方を、確かに理解できずに進んでいくことになりかねません。

そこで、「割合として見る」という大きなテーマのもとに、これらの内容を関連付けて単元を構成すると考えていくことが必要です。

子どもたちは5年生になったとき、最初に「小数の乗除法」を学習します。そして5年生最大の難関とされる「割合」そのものが出てきます。さらに「簡単な比例」「単位量当たりの大きさ」も学習します。

これらの学習では、学習対象を「割合」として見る目が育っていなければできません。4年生の「小数倍」が理解できていないと「小数の乗除法」を理解することができないし、また、「簡単な割合」が理解できていないと「割合」を理解することができない。そして、「比の三用法」が理解できていないと「割合」と「簡単な比例」「単位量当たりの大きさ」を理解することは難しいです。

ここでもう一つ問題があります。「割合」と「簡単な比例」「単位量当たりの大きさ」の違いを、教師が理解して指導していくことです。

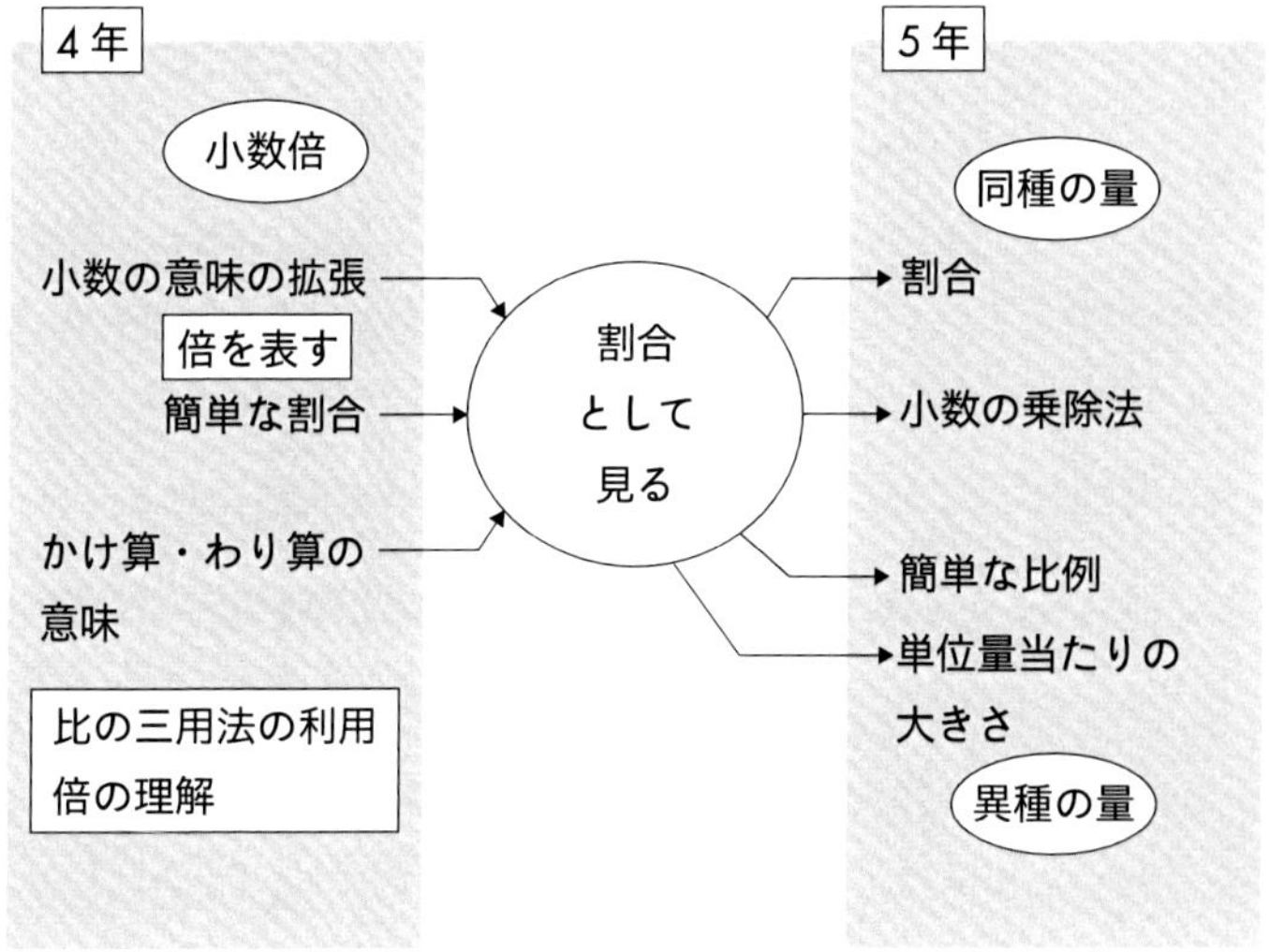
4年
小数倍
小数の意味の拡張
倍を表す
簡単な割合
かけ算・わり算の意味
比の三用法の利用
倍の理解
割合として見る
5年
同種の量
割合
小数の乗除法
簡単な比例
単位量当たりの大きさ
異種の量

「割合」は同種の2量の関係を扱っていて、一方「簡単な比例」「単位量当たりの大きさ」は異種の2量の関係を扱っています。ちなみに「小数の乗除法」の問題場面では、その両方がどちらでもできるとしていますが、基本的には「異種の2量の関係」を教材にして学習を組み立てます。ここを理解していきながら系統的に指導していくことが求められています。

4年生で学習するわり算では、同種の2量の関係を扱います。2量の関係から「割合」を学習するわけです。

比例では異種の2量の関係を表現するので、2年生から学習してきたかけ算の問題場面と関連付けやすいです。お皿とリンゴの数や、長さと値段などは、異種の2量です。これらの関係を数直線で表すと、下段が時間で上段が距離、また、下段が長さで上段が値段です。これが同種の場面であれば、上段が値段で下段が倍になります。

小学校の算数の内容において、理解が難しく指導が困難なのが割合です。それは、これまで10年余にわたって行われてきた学力テストの結果を見ても明らかです。

では、なぜ子どもにとって難しいのでしょうか。5年生での割合の内容が難しすぎるからではなく、そこに行き着くまでの学習過程が子どもにとって自覚的に関連付いていないことが要因として挙げられます。子どもは**先述の内容を個別に学習するものの、それらの関係がつかめないまま5年生になってしまって、学習してきた内容をいかすことができない**のです。

「割合として見る」のキーワードのもと、私たちが学習指導要領の内容をどのような形で組み合わせていけばよいか。言い換えると、第5学年以降の学習内容や子どもの姿をイメージして、第4学年の内容と教材をどう構成するかです。それぞれの単元を組み替え、うまく組み合わせて指導していけば、子どもたちが5年生になったとき、割合で立ち往生する可能性は低くなるでしょう。

この間ずっと「割合」の理解に課題があるとされてきたわけですが、今回の改訂ではそれまでの指導の系統に課題解決の糸口を求めようとしたわけです。ですから、今回の学習指導要領では「小数の意味拡張」と「簡単な割合」を第4学年に入れたのです。4年生の内容変更は大きな改革と言えるでしょう。

このように、単元のリデザインが目指していることは、子どもに「割合として事象を捉える」「割合的に物事を見る」力を育てることにあり、それによって難関とされる「割合」の学習内容を理解できるようにすることと言えるでしょう。

また、「割合」とは、同種の2量の関係性を表現するために有用な方法です。関係の表現の仕方ですから、必ず二つの数量、事柄があって、その関係に着目して、関係性を数理的に表現することができるようにしていくために必要な内容を系統的に指導していくことが必要なのです。

単元を組み替えるという仕事は大変かもしれませんが、どのように教材単元をリデザインすれば内容がうまく組み合わさるかを考察し、実践で検証しながらよりよい単元を創り続けていただければ、子どもたちの内容の理解は深まるはずです。

見方・考え方の成長を支える単元を創る

先を見越した展開

続いてのキーワードは「**先を見越した展開を用意する**」です。

ここでは、事例を交えながら解説していきます。4年のわり算の意味の授業です。

問題は「ヒョウの親子がいます。親のヒョウの体重は子どものヒョウの6倍で72kgです。子どものヒョウの体重は何kgでしょうか」です。数直線で表すと、次のような関係になります（次頁上）。

これは72÷6で、子どものヒョウの12kgを求めるという問題です。授業では、子どもたちに先を見越して次のように語りかけます。

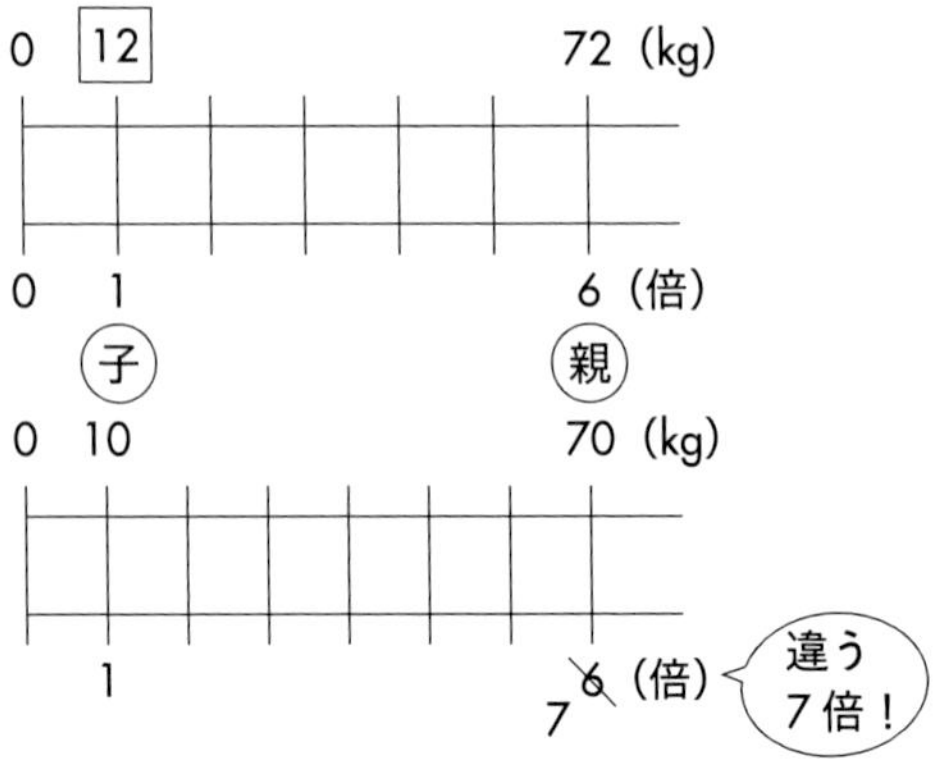

「ちょっと聞くけどね、子どものヒョウから親のヒョウになって、体重は何kg増えた？　72－12で60kg増えたね」

つまり、状況を先読みして「差」を取り上げるわけです。続いて、「60kg増えたら、何倍になった？　6倍だね」という話になります。

それから授業の終わりに、「ところで、隣にいた親子も60kg増えたんだって。子どもが10kgだから親は何kg？　70kgだね。こっちも6倍だね」と言ってあげます。そうすると、きっと子どもは「違うよ、7倍だよ」と言い換えるでしょう。

このように思考すべき対象を絞っていきます。ここで「差」ではなく、「割合」で見ることが大事であることに気付くようにしていくわけです。

授業の終わりに提示した場面では、同じ60kgの差でも割合が違うことから、6倍ではなく7倍になることを数直線を用いて確認します。差で比べるということも場合によってはありますが、この問題場面の関係を捉えるというのは、「割合として見る」ということであって、それによって差が同じであっても割合が違ってくることの理由を説明できるようにしたいわけです。

もとにする量と比べられる量が異なるから生じる違いであることを押さえておけば、子どもは今後そのことを既習として使うことができます。同じような問題に取り組む際には、「割合で事象の関係を見つめる」ために二つの関係を見つめることを使えばよいことを、子どもが実感できるようにして指導していきます。

このことは、比の三用法での学びの展開を再考することを求めているでしょう。一つひとつの用法をやればいいという話ではなく、それぞれが次にどのようなところで働くかを意識できるように指導することが大切になるわけです。つまり「先を見越した展開を用意していく」わけです。いずれ、どこかで、ここでの学びによってできるようになることが役に立つことを、イメージしておくのが大事なのです。

そのようなことを意識して、教師が単元を創ることが必要でしょう。教科書に示された単元自体は洗練された質の高いものです。それぞれは正しいものですが、最適な配列なのか、子どもにとって最適な指導方法なのかどうかは別の話です。教科書そのものをなぞるように教えるということが一番いい指導とは限りません。教科書をうまく活用して最適な指導方法を求めていくことが肝要です。

見方を鍛えるための教材研究

「A：60㎝とB：20㎝である記録を表現するグラフがあります。それを掲示板に貼ろうと思ったので、大きく引き伸ばしたい。Bのグラフを引き伸ばして40㎝にしました。Aのグラフも同じく20㎝だけ伸ばして80㎝にしました。」

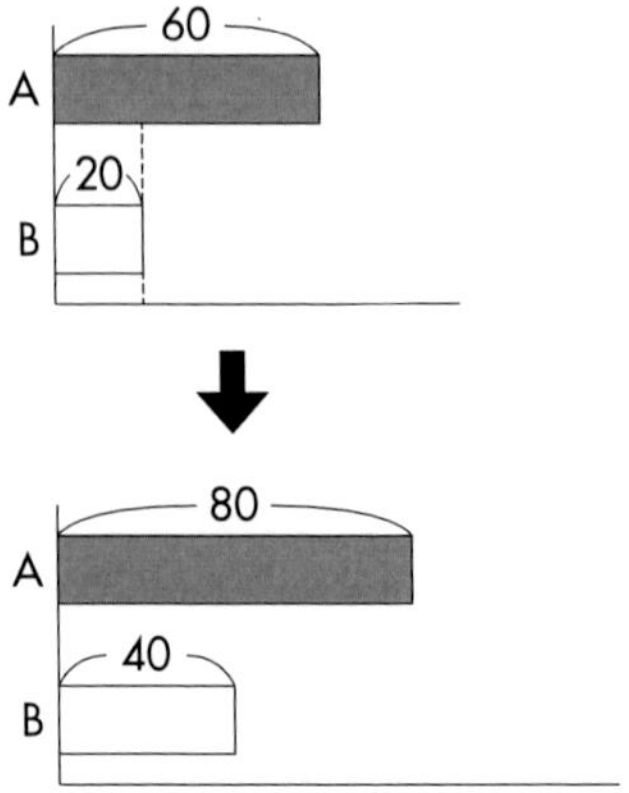

子どもに、「このようにグラフを伸ばしていいですか」と聞くと、彼らは何と答えるでしょうか。きっと多くの子どもは「ダメだよ」と言うはずです。「なぜ、ダメなのですか？」と聞くことで、「差」の見方とは違った視点から問題点を指摘するはずで

す。

子どもはこの問題で示されているグラフの関係を、次のような式で表現します。

最初の関係はBをもとにすると、A＝B×3

60÷20＝3

Aをもとにすると、B＝A÷3

20÷60＝0.33……

引き伸ばした後の関係はA＝B×2

80÷40＝2

40×2＝80

40×3＝120

最初のAはBの3倍なのに、あとの方は2倍で合っていません。逆の言い方をすると、40を3倍してみると120になり、あとの80と合っていないことがわかります。

さて、これはいったい、何をしているのでしょうか。

すなわち、比の三用法を利用することによって、あとの図が正しくないことの根拠を説明しています。根拠の説明に既習を使っているわけです。

この既習は、前述した「差」で比較することでないことを確認したことです。「割合」の考えを根拠にしたわけです。Bが増えた分だけ同じようにAも増やすということを先に使ってあげると、子どもは「でも、それはおかしいよ」と言うでしょう。「最初の図と同じになっていないよ」というように、関係を表すグラフを用いて理由を表現しているわけです。

では、どうすればいいのでしょうか。

今度は正しいグラフをかこうという話になります。「Bは何倍になったんですか？　2倍になったでしょう。つまり、Aも2倍にするためには何cmにしなくてはいけないのかな？　120だね。ということは、60に何をたさなければいけないのか。60をたさなければいけないね……」という話になります。

そうなると、120と40との関係に着目して、「120は40の3倍です」ということになります。子どもたちが「倍」を使いながら説明し始めるのです。

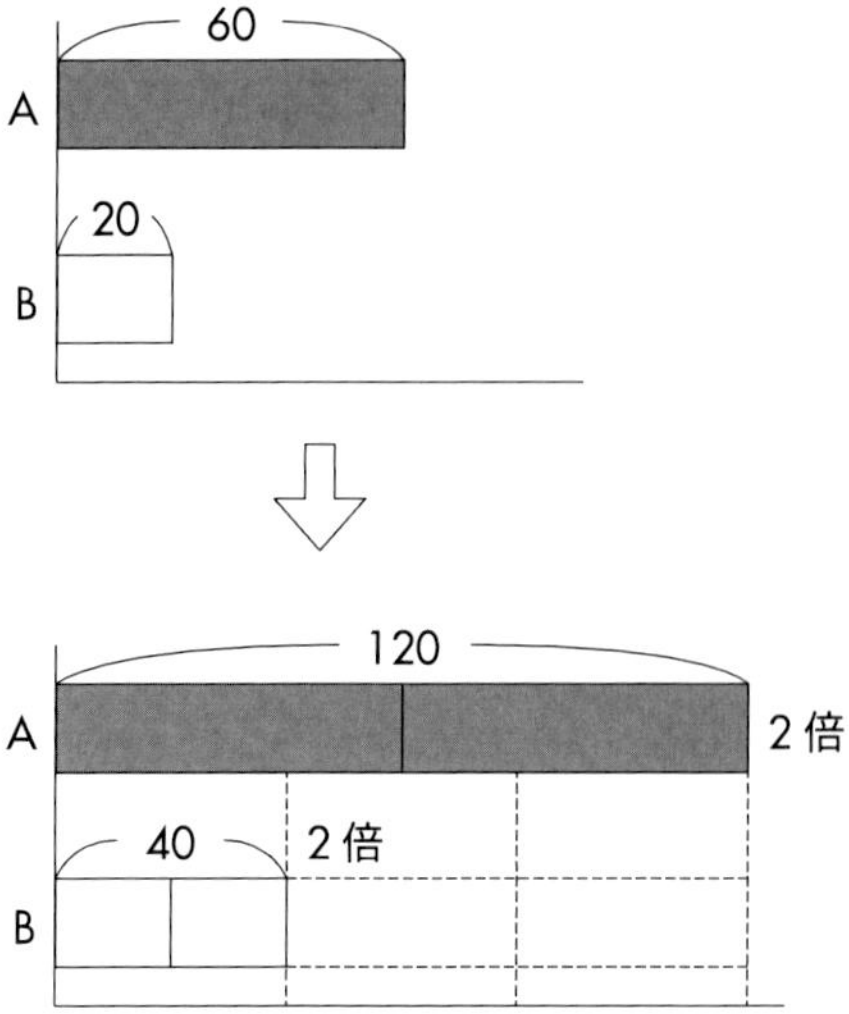

AはBの3倍

このような場面を用意して、2量の関係性について着目するようにすればいいのです。この先、同種の2量の「割合」を扱う学習は第6学年の「比」につながります。この素材は「拡大図をつくる」とも見られます。

つまり「等しい比」をつくるという学習です。60：120は20：40で、20：60は40：120となりますという話です。

このように、4年生での「割合として見る」という学習は、とても大事であることがわかります。しかし、ここを乗り越えるためには、下学年の第2学年、第3学年からの積み上げも重要です。系統性を意識し続けることが大事だということです。

難関単元との向き合い方

高学年になると、子どもたちにとって難しい単元がいくつも登場します。

その一つが、**5年生の「小数の乗除法」**です。特に、乗法・除法の演算決定はなかなか手強く、すんなりとはできません。わり算なのか、かけ算なのか、どちらの式を立てればいいのかわからないのです。学力テスト等の結果からもこの間ずっと課題がある内容として指摘されてきています。

ちなみに、子どもたちのつまずきのきっかけとなる単元があと二つあります。**5年生の「割合」**と**4年生の「二位数のわり算」**です。

私はこれら三つを、算数の三大生活習慣病と呼んでいます。生活習慣病というのは、自覚症状がないまま、ある日突然コレステロール値や血圧等の数値に異変が生じます。

この三つの単元も同じです。これまで算数をそれほど苦手にしていなかった子どもも、急にわからなくなるのがこの三つなのです。すなわち、この単元に行き着くまでに積み重ねておかなければいけないことがあるにもかかわらず、それがうまく理解できないでその単元に突入した途端に、「あれ？」と前に進めなくなってしまうわけです。このような状況になってしまうと、その解決には多くの労力を必要とします。子どもも教師も大変です。

では、どこで何を押さえておくべきなのでしょうか。

4年生で振り返ってみますと、まず重要なのは「小数の意味」です。ここでは、倍を小数で表すという小数の意味の捉え直しが行われます。

次に「割り進む」、つまり「除法の範囲」です。拡張とまでは言いませんが、これもある意味で場面を少し発展させています。3年生では、あまりのあるわり算ということで割れなければそこで終わりでしたが、4年生になると2.5というところまで行って割り切れるということをはじめて経験します。

そして、5年生になると、あまりはなくなってしまいます。5÷8は$\frac{5}{8}$になります。あまりのあるわり算は、あくまで暫定的なもの。場面に張り付いた具体的な場面を扱ったものです。4年生で、わり算の範囲が割り進むというところに発展しますが、実は、この割り進むということがなければ、小数倍、小数の乗除の話は成立しません。

最後は、今回の学習指導要領で4年生に新設された「簡単な割合」です。簡単な割合な

異種の２量：１m80ｇの棒が 2.5mでは何ｇ？

同種の２量：80ｇを１とすると 200ｇはいくつ？

どと言うと、簡単ではない割合があるのかという話になりますが、どちらも同じです。4年生の「簡単な割合」で扱われるのが整数の簡易な場面でということですが、割合の本質を取り扱うことは変わりません。「Aを1と見たとき、Bが□となる」といった考え方です。

これらの4年生の内容がきちんとできていないと、子どもは5年生になって「小数の乗除法」が出てきた瞬間、何から手をつけたらよいのかわからなくなってしまいます。

小数の乗除法は、5年生では大きく二つに分かれています。「小数の乗除法」と「小数倍」です。問題で例を挙げると、「1mが80gの棒が2.5mでは何gになるか」と「80gを1とすると、200gはいくつか」です。

両者はどちらも小数の乗除法ですが、前者は「異種の2量」の比較で、後者は「同種の2量」の比較という違いがあります。前者は「比例」を扱ったもので、後者は「割合」を扱っているものとなります。

5年生ではこの両者を統合しなくてはいけません。そもそも小数の乗除法では、小数倍を用いて同種の2量で乗除法の意味が拡張され、最終的に

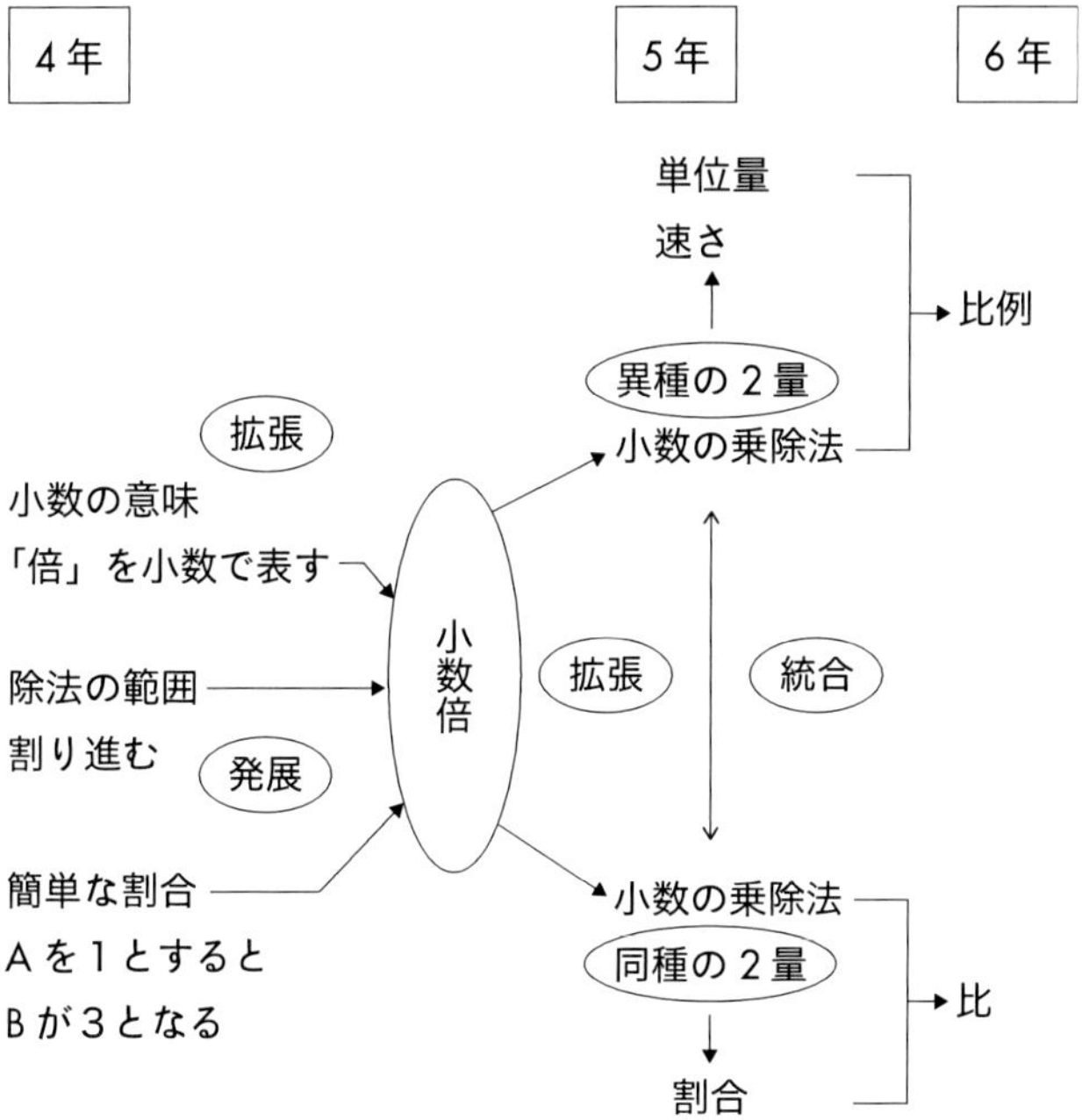
4年
5年
6年
単位量
速さ
異種の２量
小数の乗除法
比例
拡張
小数の意味
「倍」を小数で表す
小数倍
拡張
統合
除法の範囲
割り進む
発展
簡単な割合
Aを1とすると
Bが3となる
小数の乗除法
同種の２量
割合
比

は異種と同種をまとめて統合していかなくてはいけないのです。子どもたちからすると、こんな大変なことはありません。

では、小数の乗除法を学習していくと、その先はどこにつながっていくのでしょうか。異種の2量の割合は、単位量当たりの大きさや速さ、つまり6年生の「比例」につながります。

一方、同種の2量は、「割合」です。同種と言えば、6年生の「比」につながります。例えば、ドレッシングが2Lと3Lで2：3になっているというふうに、比は両方が同種です。

こういった系統性を理解した上で、単元を構成し、授業を描いていくことが大切です。このように見ていくと、改めて4年生の学習の重要性がわかるかと思います。このときから、いずれ5年生で直面する大きな山を意識して指導していくわけです。

どの教科の学習でも同じことですが、「いろいろやったけれど、結局肝心なことはここだよね」と言える子を育てていくことが大事です。「今日学んだことは、昨日学んだこととここが違う」ということに気付ける子にするのです。そのようにしていかないと、覚えることがどんどん増えて、子どもたちはそれに太刀打ちできなくなります。

従来の知識・内容ベイスの授業は、覚えることがたくさんありました。そのために多くの子どもが、算数のことを嫌になってしまっていた側面があるのではないかと思います。

それに対して、資質・能力ベイスとは、**少なく教えて、豊かに学べる、多くを学べる（Less is more.）ようにするということ**です。そのように学ぼうとする子どもを育てていくという基本を忘れないことが求められるでしょう。

数学的活動の充実を支える学びを創る

問いを生み出すプロセス

続いて、定式化のプロセスについて考えます。

これは数学的活動のAの局面にあたりますが、問いまでの学びの過程をいかに描くかということです。学習対象としての事象から課題を見いだして、算数の問題を設定することを大切にします。それによって、「子どもは何を考えればいいのか」、または**「今日の授業の学びのゴールは何か」を明確にしていく**ことができます。

例えば、次のような5年生の小数の乗除法（小数倍）の授業では、何が問題になるでしょうか。

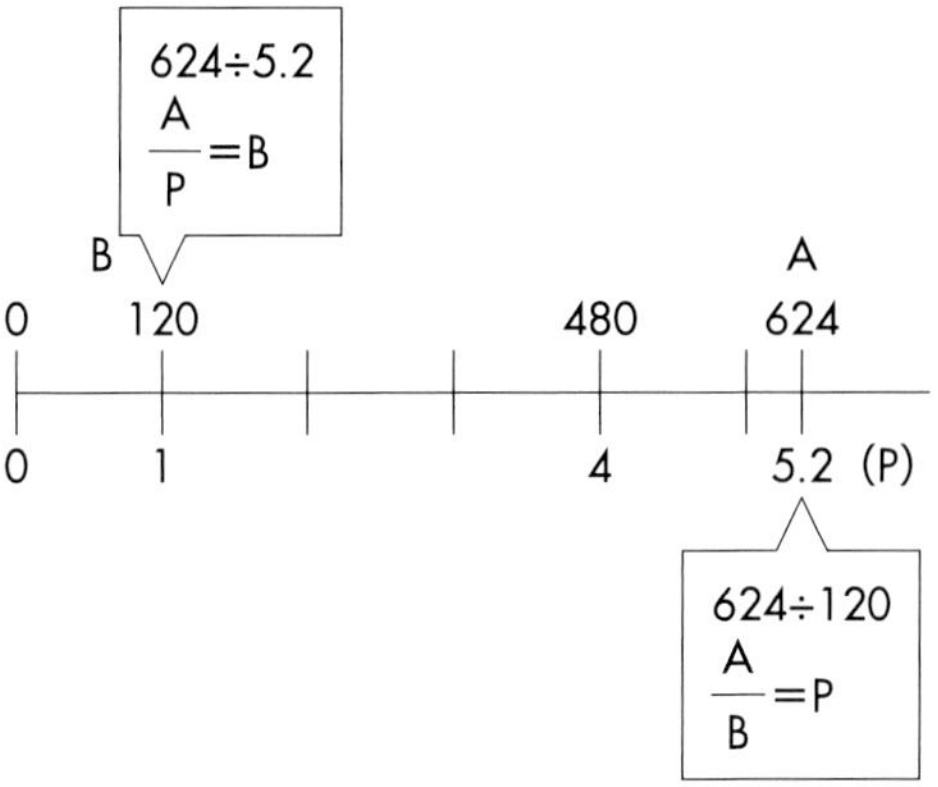

前時までは、P（割合）を求めているので、624÷120＝5.2とすることでA÷B＝Pが出ます。本時はBを求めるわけですから、624÷5.2＝120という式ができます。そのように、AとBとPの三つの数の関係について確認していきます。

A＝B×P

B＝A÷P

P＝A÷B

あるものを求めるときには、他の二つの数が活躍すればいいのです。そのように、子どもの言葉に置き換えていくことで理解は深まります。

他の二つの数が活躍することによって、もう一つの数が求められます。前の時間はPを求めるためにAとBが活躍したんだなということがわかります。今日はBを求めなければならないので、AとPの二つが活躍

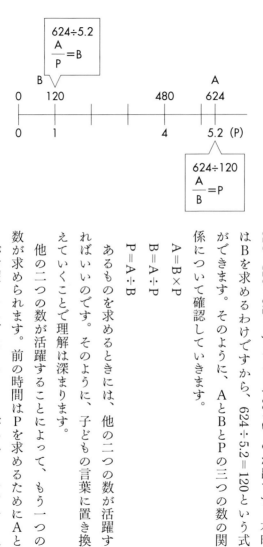

すればいいねという話になります。

ここで先生は次のように問います。

「あなたたちは、同じようなことを今までにやったことがありませんか」

3年のわり算です。もし、小数が難しいのであれば、5.2の手前の4だとすると、そこは480になります。4と480なら120を求められるでしょう。

そう考えると、5.2と624はどこが難しいでしょうか。子どもに尋ねれば、「難しくない」と言うかもしれません。
□を使った式にしても、同じ構造になります。□×4＝480、□×5.2＝624。それを逆算にすれば、480÷4、624÷5.2で120になります。
このように学びを進めていけば、子どもたちが脳に汗をかかなければいけないところの仕分けが段々できていきます。

では、子どもが考えるべきことは何でしょうか。つまり、「問うべき問い」を明確にすることです。

答えを求めることが算数の授業だと思いがちです。120を求めることが授業のゴールだと考えがちです。しかし、それだと求め方を一生懸命考えるだけで終わってしまいま

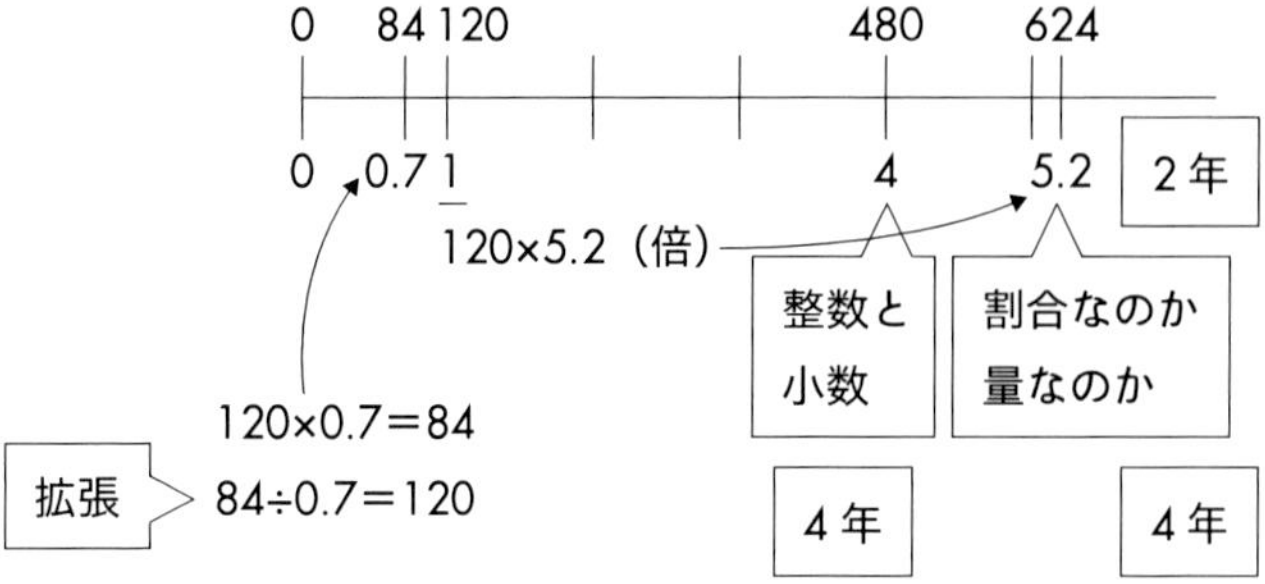

す。それでは、今までの勉強となんら変わりはありません。考えるべきことはもっと他にあります。

　誤解のないように言っておくと、子どもに提示する問題は、今までの問題よりも階段一段分程度の問題で十分です。子どもたちの手に負えない難しい問題を出す必要はありません。５年生にもなると、学力の差もかなり出てきます。算数が不得手の子どもがたくさんいますから、そのような子どもでも取り組める問題にします。大事なのは、それを**解決する過程で、どこに着目していけばよいのかを経験させていくこと**です。そのために教師が学びの過程をいかに描くかに知恵を出すということです。

　本時の学びのゴールは、簡単に言うと、すべては上の一つの数直線に表すことができるということです。

　ここで考えるべきは、下の単位が割合（倍）なのか、ｍやkgなどの量なのかということです。もう一つは、乗除法の意味の拡張です。つまり、整数か小数かの違いです。

数直線の上の単位はこれまでの勉強と何も変わりません。小学校で扱う場合には、片方は量が示されます。前述したように、同種の量または異種の量の関係を考えることになります。同種の量の場合は、いわゆる横の関係です。異種の量の場合は上下、縦の関係です。

問題は5.2が割合なのかどうかということですが、これまでに確認してきた系統の通り、これも4年生のときから学習が始まっています。「倍」の話です。

さらに、この「倍」については、2年生から学習が始まっています。2年生で2倍、3倍ということを学んでいます。

また、小数の「倍」についてはどうかというと、4年生から登場しています。そのように考えると、ここで何を学べばよいのでしょうか。学年を超えて単元のつながりを意識して、学びをデザインすることが期待されているのです。

計算処理して答えを求めるということそのものは、今までの学習を総動員すれば可能です。何も新しいことはありません。では、何も新しいことがないのに、なぜこれほど時間をかけてやるのでしょうか。そこに知恵を出さなければいけません。

ここでいう資質・能力とは、すべて既習で処理が可能だと統合していくことです。新しいことは「小数倍」だけです。小数をかけて計算するということです。小数倍そのものは4年生でわかっているけれど、**小数をかけて計算することだけは新しい**のです。5.2倍は4年生でやっていますが、120×5.2というこの計算だけは新しいのです。

では、この新しいことになぜ多くの時間をかけるのでしょうか。それは乗除法の意味の拡張に十分な時間が必要だからです。今まで勉強してきたかけ算とわり算の意味を広げていってよいのかどうかの吟味と、その理由の説明を重視しているからです。

解釈を広げていくことは、子どもにとって時間がかかります。大人は頭の中ですぐに切り替えられますが、子どもは「小数なんかかけていいのかな」と迷います。

厄介なのは、0~1の間のいわゆる純小数と言われるものです。例えば、×0.7などがそうです。120に0.7をかけるといくつでしょうか。84です。84は当然120よりも小さいです。

120×0.7＝84＜120

この瞬間、子どもたちは納得できなくなります。これまでのかけ算では、かけると答えが大きくなったのに、ここでは小さくなってしまいます。先生がそう言うから仕方ないけど、個人的には納得できていないという子はかなりいるはずです。

もっと厄介なのは、わり算です。なぜなら、割っているのに答えが大きくなるからです。さっきのかけ算は許せても、今度は許せないと思っている子はたくさんいるでしょう。84÷0.7＝120になるのですから、さらに厄介となるわけです。

この意味の拡張を丁寧に押さえていくために、時間をたくさん使う必要があるのです。

学びの連続を意識した展開

小数の乗除法の授業について、さらに具体的な授業改善を考えてみましょう。**「前時までの学びをいかした展開」**をいかに描いたらよいでしょうか。

まずは、前時で学習したことを板書します。

前時では、「何倍を求めるときは、比べられる量÷もとにする量」を計算するということを学習しました。2.5を求めるには、60÷24＝2.5です。0・75を求めるときは、18÷24＝0.75となります。

このときに、もう一つやっておきたいことがあります。

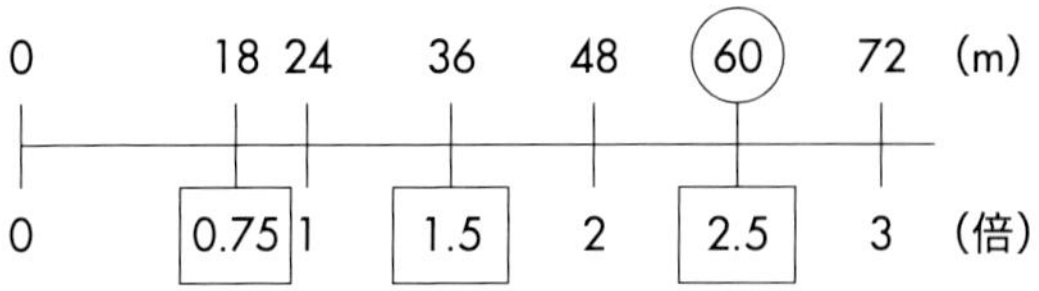

それは、4年生のときに学習した小数倍に入る前の整数の計算です。ここでは2を求めるには、48÷24です。3は72÷24となります。

先の小数の数直線図と整数の数直線図は、構造が同じだということを確認したいわけです。子どもたちは、「今日やっていることは、4年生のときに既にやっていることと同じ」と振り返ることで、「何倍を求めるときは、比べられる量÷もとにする量」で計算するということに関心がもてるようにすることが大切です。

一方、前時まで押さえておくべきことは何でしょうか。「倍を小数で表すことができる」ということです。これも子どもは4年生のときに小数倍として学習済みです。当たり前ですが、このようなことを確実に確認していきたいところです。

二つの数直線を比較することで、比の三用法のそれぞれを関連付けていきます。小数倍でも整数のときと同じだということを一つひとつ確認していくわけです。

本時では「前の時間は、倍を求めるときには整数のときと同じだったけど、もとにする量を考えるときも整数のときと同じでいいのかな？」ということを問いとして設定します。

整数のとき、24がわからないときはどうやって解いたでしょうか。もとにする量を求めるには、比べられる量÷何倍をすれば求められます。48÷2をすれば24になるということです。

では、小数も同じようにしていいのでしょうか。問題ないことを確認して統合していくことで、新しいことを覚える必要がなくなっていきます。これさえわかっていればいいのです。

子どもたちは、小数になった瞬間に難しいと考えがちです。しかし、整数と比較していきながら「同じでいい」という話で進めていけば、安心して取り組むことができます。

実際に、数直線をかき換えながらやってみます。

下段の単位が倍で、上段がメートル（m）です。整数の考え方でいけば、□×2.5＝60だから、60÷2.5＝24。だから、□は24になるということです。

整数倍でも再度考えてみましょう。「2mのところが48であれば、1mのところはどうなるかな？」と子どもたちに問えば、「半分です！」という声が上がることでしょう。

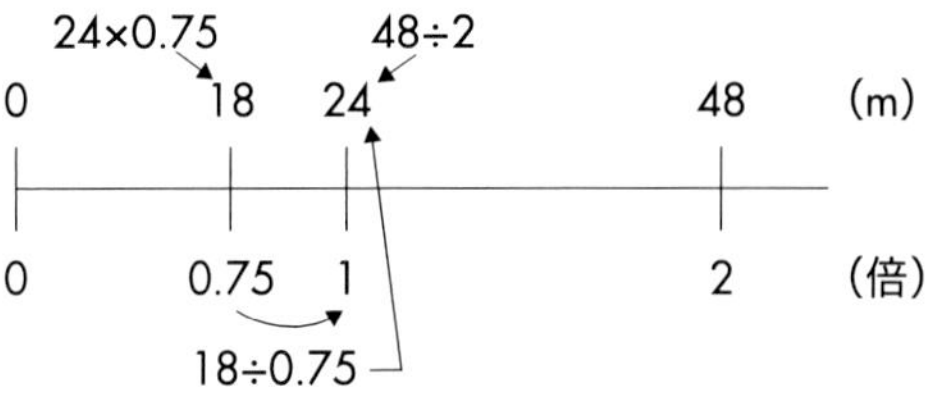

「半分はいくつ？」「24！」「もう5年生なんだから、半分じゃなくて別の言葉で言えるよね」「48÷2です」といったやり取りをしながら進めます。

□×2＝48、だから、48÷2＝24。ということは、「やはり小数のときと整数のときは同じだね」となります。

さらに問い続けます。「ここに0・75という数字があります。この0・75のところはいくつでしょうか」

前時に学習しているので、すぐに18が出ます。そこで次のように問います。

「では、0・75と18を使って、1のときがいくつになるか求められるかな」

0・75倍というのは直前の小数のかけ算でやっているので、□×0.75＝18が出ます。ということは、□＝18÷0.75となります。

これは割り進む計算、小数のわり算です。答えは24です。

重要なのは、どこからでももとにする量を求めることができるとい

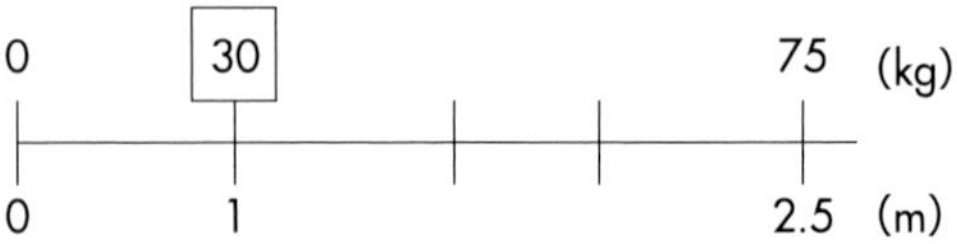

うことです。

授業では、残りの時間で新しい問題を出します。

「2.5mで75kgの鉄の棒があります……」と言いながら、数直線をかきます。数直線をかいて、そこからどのような問題ができるのか、子どもたちに考えさせます。

1mは何kgでしょうか。

□×2.5＝75

□＝75÷2.5＝30

ここで次のように問います。

「この問題は以前にやったことがあります。既に勉強しています。では、先生はなぜこれまでにやった問題を出したと思いますか」

子どもたちは何と答えるでしょうか。「練習かな？」「復習？」どちらも違います。そして、もう一回問います。

「確かにこの問題は既に勉強済みです。なぜ先生はまたみんなに同じ問題をやってもらいたいと思ったでしょうか」

もし、子どもが答えに窮していたら、「二つの問題を比べてみて気付くことはないかな」と尋ねてもいいでしょう。

この問題は、長さと重さを使った異種の2量です。しかし、こうやって考えていくと、根底に比例関係があるので、倍として読み替えることができます。1mを1倍、2.5mを2.5倍として考えることができます。つまり、異種の2量でも同種の2量でも問題の構造は同じだということです。

もちろん、子どもたちにはそこまで理詰めで話す必要はありません。「両方似ているね」「似ているようなことをやっていたんだね」と言えればいいでしょう。

このように、二つの小数の乗除法を統合して見ていくことを大切にしたいものです。

第４章

関数指導を考える

関数を学ぶ姿勢を育てる

今回の学習指導要領では、算数の領域構成が変更されました。「数と計算」「量と測定」「図形」「数量関係」から、「数と計算」「図形」「測定」「変化と関係」「データの活用」となりました。

なかでも「変化と関係」が設定されたことは注目されることです。ここにはこれまで「数量関係」にあった「関数の考え」が入っています。

数量の関係との関わり方

関数の学習は、本格的には4年生からスタートしますが、中学校3年生までを視野に入れながら指導を考えていく必要があります。ここで取り上げる5年生の変わり方の指導もとても大切になってきます。

「1辺が1㎝の正方形が増えていった際の面積はどうなるか」という問題を取り上げます。

正方形の数は1、2、3と増えていきます。これを今まで勉強したように、「表でかけますか？」と問うても難しくないでしょう。むしろ、正方形の数と面積がどのように変わっていくかをかかせるのは簡単です。

簡単すぎて、子どもの方が「そんなこと聞かないでください」と言うかもしれません。10個になったら、面積は10になります。

では、正方形の数と面積はどのような関係にあるでしょうか。子どもに問うと、なかなか答えが返ってきません。

簡単すぎるからこそ、どんな関係にあるかというのは案外言えないものです。これは、すべて縦の上

1辺が1㎝の正方形が増えていった際の面積はどうなるか？

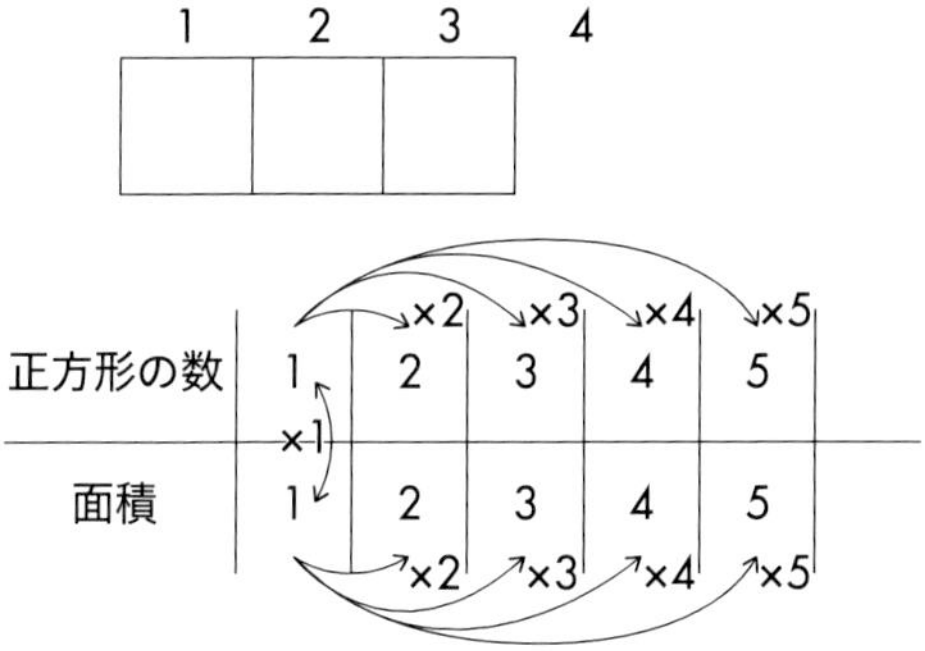

1辺が1㎝の正方形が増えていくと、
周の長さはどうなるか？

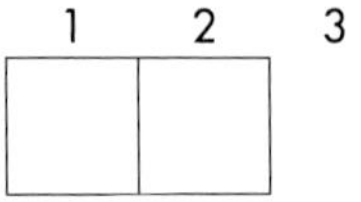

下の関係は×1になっています。

他にはどんな関係があるでしょうか。1増えると1増える関係。1ずつ増えます。正方形の数が2倍、3倍になると、面積も2倍、3倍になります。ここではすべて、×1になっていますが、逆にするとどうなるでしょうか。÷1です。逆に言うと、すべて÷1の関係になっています。

続いて、第2問です。

「1辺が1㎝の正方形が増えていくと、周の長さはどうなるか?」

なぜ、この教材を取り上げているのかというと、かなりの割合の子どもが、正方形の数が2個、3個と増えると、周の長さも2倍、3倍になると誤った認識をもっているからです。

正方形が2個だと、周の長さは何㎝でしょうかと問うと、子どもたちはすぐには答えられません。問題の図を見た瞬間だと、つい8と言ってしまいがちです。ここで教師が否定しなければ、次は12、16……と言ってしまうでしょう。

「実際に、数えてごらん」と言うと、子どもたちは「あれ?」と思い始めます。このときに、問いを置きます。つまり、**個数と周の関係が見えてきたときに、周の長さの対とな**

る問いを置くのです。

具体的には、子どもたちが周の長さを「8、12……」と言ったら、「正方形の数が2倍、3倍になれば、周の長さも2倍、3倍になるんだね。正しいかどうかを確かめてみよう」という問いを置きます。

もし、それに対して反論する子どもが多い場合は、「正方形の数は2倍、3倍になっているけれど、周の長さはどうなっているかを調べよう」という問いを置きます。

今回の学習指導要領改訂の際に、基本図形の周の長さを指導内容に入れようということが話題に上がりました。先述の通り、面積と周の関係について教えた方がいいのではないかという心配があるくらい、子どもたちはこの二つの数量の関係を説明することができません。面積が一定であれば、周の長さは同じだと言う子はたくさんいます。しかし、実際にはそうではありません。

そのようなことも含めて、正方形の数が2倍、3倍になれば、周の長さも2倍、3倍になるかという問いを置くことにします。

正方形の数が段々増えていくと、図は長方形になります。では、長方形がどんどん増えていった場合、周の長さはどうなるでしょうか。

1個の場合は4㎝ということはわかります。面積も1㎠ということはわかります。比例という言葉は出てこないけれども、面積の場合は、数が2倍、3倍になれば面積も2倍、3倍になります。

では、周はどうでしょうか。子どもたちに確かめさせると、正方形の数が1、2、3、4、5と増えると、周の長さは、4、6、8、10、12と増えます。

ここで子どもたちに、「正方形の数と周の長さはどのような関係になっているか」と問います。子どもたちは、2年生から今まで、嫌というほどかけ算のルールを学んできているので、一方が2倍、3倍になれば、もう一方も2倍、3倍になる方が心地いいと思っています。しかし、ここではどのように言うでしょうか。

きっと、2倍、3倍にはなっていないと言うでしょう。では、どのように言えばいいでしょうか。比例関係になっていないだけで終わってしまうと、先には進みません。子どもの反応に対して教師はどう切り返せばいいでしょうか。

この場面では何も関係性を見いだせないのか、何か他に変化していく関係があるのかに関心をもたせることができるのかということです。ここまでの変わり方の学習では、前学年までに和一定、差一定、そして積一定という関係を見つけてきました。ここでは**新たな**

関係を見つけてみようという話になります。

まず、最初の表とあとの表を比較します。最初に行われていることと次に行われていることの間に違いが見えてこないといけません。

ですから、「2倍、3倍にはなっていない」となったときに、第1問に戻ります。正方形の数と面積の関係は、正方形の数を□にして、面積を○にすると、□=○となります。これは□÷○=1とも表すことができます。まずは、ここを確認していきます。

次は、正方形の数と周の長さとの関係です。どのような式で表現されるでしょうか。子どもにとっては手強い問いとなります。

結論を先に言えば、正方形の数の2倍に2をたせばいいわけです。式で表すと□×2+2です。この関係を式として子どもから引き出すことができるでしょうか。単に式を示しても、子どもにはどのように思考した結果として式が出てきたのかが見えていないと、その意味がわかりません。

大切なことは、最初の表と次の表を比較させることです。

両者を見比べると何が異なるのでしょうか。下の表は正方形の数が2倍、3倍になっても、周の長さは2倍、3倍になっていません。しかし、どこか上の表と変わり方で似ているところがあります。

斜めの関係に着目すると、2と4、3と6、4と8というように×2になっています。下の表は、変わらないものがひかれています。変わらないものとは何でしょうか。両端の縦の本数（0）です。正方形が増えてもここの数はずっと2で変わることはありません。つまり、全体から変わらない数である2をひきます。

式にすると、▷−2=□×2となります。さらに式を変形すると、▷=□×2＋2と表すことができます。もちろん、ここでは思考過程を丁寧にたどっていくわけですが、変わり方をわかりやすく表現する式をつくり出していくプロセスがポイントです。

□が2倍、3倍になると、△は常に2ずつ増えていきます。正方形が一つのとき周の長さは4㎝、次に正方形が2つになったら周の長さは8㎝になると思っていたら、6㎝にしかならないことに関心をもつということです。

なぜ2倍にならないかを重なっているところがあるからと説明して、さらにどこが重なっているかを確認していきます。長方形の中の縦の部分が正方形の辺が重なっているところで、これが8から2をひくということを意味していることに気付いてほしいのです。

周の長さの増え方だけで見ると、長方形の上の辺と下の辺の数の話です。つまり、この

１辺が１㎝の正方形が増えていった際の
面積はどうなるか？

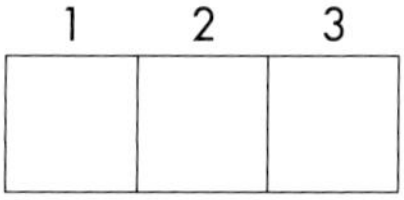

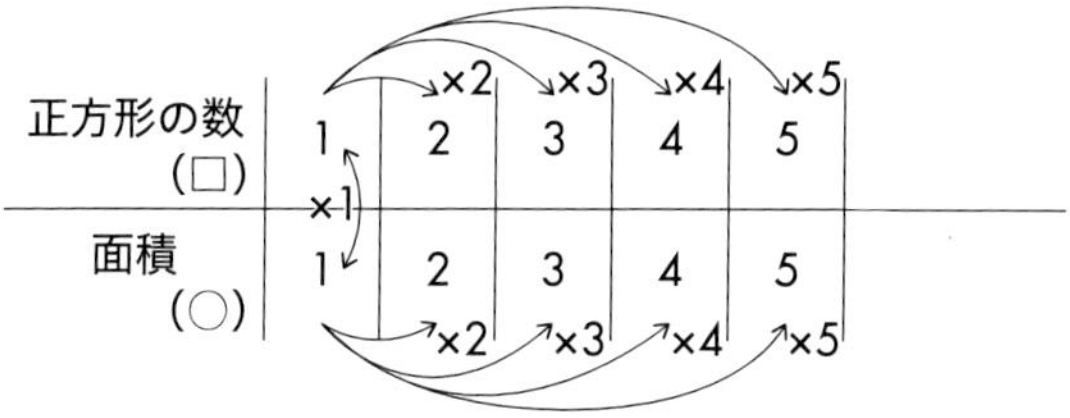

正方形の数 (□)	1	2	3	4	5
周の長さ (△)	4	6	8	10	12

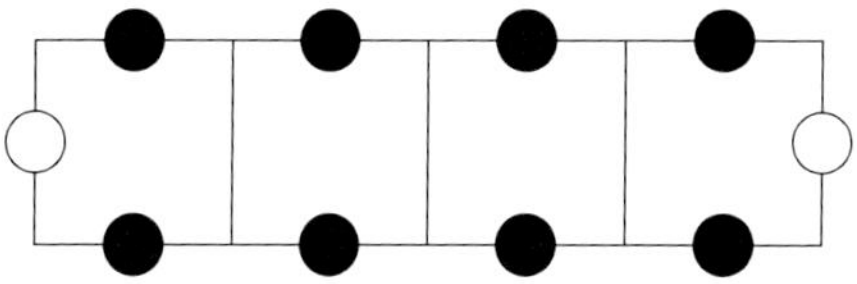

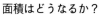

×2というのは一つの正方形に対して上の辺と下の辺の2を正方形の数だけ増やしていることになります。この＋2というのは両端の辺の2です。

このような説明は、何とかして子どもから引き出したいところです。

中学校数学の関数指導では、表、式、グラフが問題解決における三種の神器と言われます。ただし、5年生ではグラフをかくことはできません。ですから、表と□や△を使った式によって思考し、表現していくわけです。**表を観察して見えてきた関係を、式に表して一般化していくことが重要**です。

多角的な見方の育て方

続いて、先ほどは正方形でしたが、今度は台形を使った関係を問う場面です。

各辺の長さが1㎝、1㎝、1㎝、2㎝の等脚台形を扱います。これを正方形の場合と同じように横に並べていくと周の長さはどうなるでしょうか（157頁回参照）。

ここで、図をよく観察することが重要です。正方形の場合と等脚台形の場合との異同について確認します。つまり、何が同じで、何が異なるのかを見いだすわけです。異なるところは明らかです。周の長さです。正方形の場合は4cmで、等脚台形の場合は5cmです。上底と下底の長さが2と1という対になっているところも違います。

では、同じところは何でしょうか。上の辺と下の辺をたした数が同じになります。正方形では上の辺が1で下の辺も1で、それが一つの単位になるということです。等脚台形では、上底が1で下底が2となっていて、たした3が一つの単位になるということが同じになります。

ここで子どもは表をかきます。最初の周の長さは5cmです。

「等脚台形が2つになったら、どのようになるでしょう」と子どもに尋ねれば、「8cm」と答えるでしょう。ここで「なぜ10cmにならないのでしょうか」と聞き返すと、「くっついているところをひくから」という答えが返ってくるでしょう。

重なっているところは数えないのでひきます。本来は5の2倍の10になるにもかかわらず、10から2をひいて8になります。このように説明していくようにします。

3つになったらどうでしょうか。子どもは「11cm」と答えます。そこでまた「15cmのはずではないのだろうか」と問い返します。なぜ、15cmにならないのか、理由を説明することになります。

着眼すべきことは、10－2、そして15－4です。つまり、面積であれば2倍、3倍になったけれど、周の長さは重なりの部分をひいていかなければならないという考え方です。

ここから式を立てることもできます。等脚台形の基本単位の5に個数分だけかけて、そこからこの個数の1個少ない数を2倍したものをひきます。中学生くらいになればそういった式も立てられるでしょうが、5年生には到底太刀打ちできません。

関係を表現するためのアプローチの仕方は、いろいろあります。**関数関係を表現するのは多様であって、だからこそ多面的・多角的な見方を育てていくことにつながります。**もちろん、あまり深入りする必要もありません。子どもが事象を観察して、いろいろな関わり方をして見えることから追究していくことになるでしょう。

5年生では、表にしたものを式で表していきます。等脚台形の数が□で、周の長さが○とすることで、○＝□×3＋2という式ができます。先ほどと同じように、この3と2が何を表しているのかを確認します。

式で示されたものが具体で何に当たるのかを説明するわけです。この×3というのは上底と下底を合わせた3のことです。また、2というのは両端の辺のことを示しています。

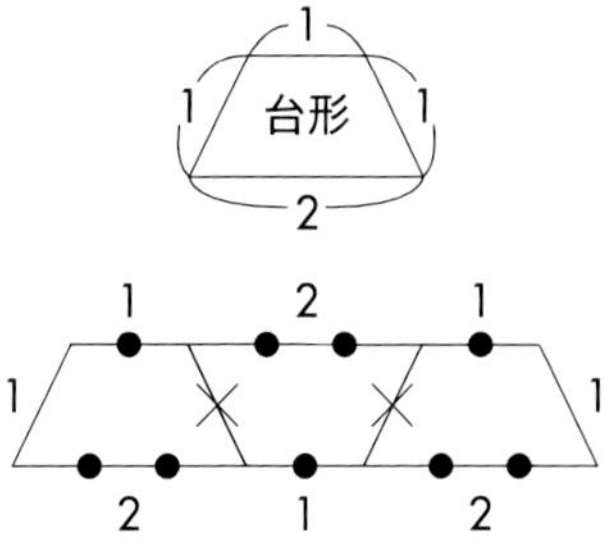

台形の数（□）	1	2	3	4	5
周の長さ（○）	5	8	11	14	

○＝□×3＋2

これらを丁寧に確認します。

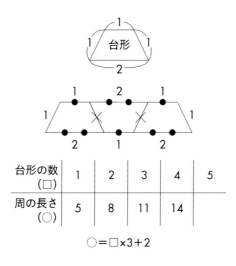

最後に、適用問題です。

○＝□×3＋2は、○－2＝□×3

（○－2）÷3＝□

このようにできれば理想的です。

□は等脚台形の数を表しています。等脚台形の数は、周の長さから2ひいたものを3で割るという数です。最初に、周の長さから2をひいておけば、常に上底と下底を合わせた3の関係が基本になっているということになります。

つまり、周の長さ8から2をひくと6、11から2をひくと9、14から2をひくと12です。そうすると、全部÷3になっていることがわかります。逆に言うと、×3にもなっています。このように**関係性を多面的に表現していくことが大事**です。

数学らしい追究姿勢

表で関係が見える、また、関係を式で表すという段階まで来たら、その先に取り組みたいことが、関係性がどのような意味をもっているのかと、一般化することです。

最後の問題は、再び正方形を用いた課題を考えます。ただし、正方形の各辺の間には隙間があります。正方形が何本のマッチ棒でできているかを求める課題です。

正方形を1個つくると4本、別々に正方形を2個つくるとマッチ棒は8本必要です。もし、この2つの正方形がくっつくとマッチ棒は7本となります。

隙間をあけて正方形をつくるということになれば、マッチ棒は4本、8本、12本……と比例していきますが、くっつくとどうなるでしょうか。不要なマッチ棒が出てきます。似たような問題を先ほどやっています。まわりの長さを求めるときは長方形の中が要らないということで、2本ずつ減らしていきました。

今回の問題は1本ずつ減らします。似たような場面ですが、条件を少し変えてみて、結果がどのように変わっていくのかを考えていきます。適用問題では、さらに条件を変えて探究していきます。

先の課題は2本とも不要になるという場面でした。しかし、今度は1本だけ残すという場面に変わります。正方形の数が増えるとき、マッチ棒の数は何本かという問題です。

どういった関係になるでしょうか。実際に数えた数を表でまとめれば3ずつ増えていくことがわかります。

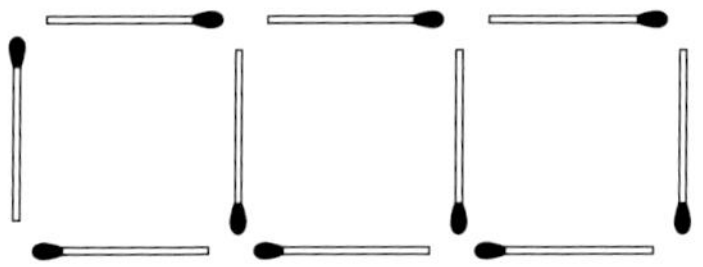

正方形の数を□、マッチ棒の数を○にすると、

○＝□×3＋1になります。最初の正方形をもとにしているから3ずつ増えます。

別の考え方を式で表すと、○＝（□－1）×3＋4になります。

このような式を、すべての5年生の子どもが表現できるかどうかは別として、大事なことは、数学らしく追究していくために、これまでに身に付けてきた数学的な見方・考え方を働かせて問題解決に取り組めるようにするということです。

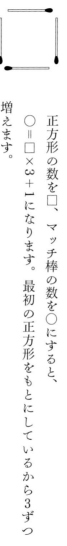

正方形の数（□）	1	2	3	4
マッチ棒の数（○）	4	7	10	13
	+3	+3	+3	

自分は**何ができるようになっていて、直面する課題では新たに何を解決しようとしているかを明確にすることで、焦点化された問うべき問いを自覚できるようにしたい**のです。子どもが、問題をそれ単独のものとして関わるのではなく、これまでの学びと関連付けながら、より発展的かつ構造的に見つめていくことができるようにしたいのです。

これまでの課題で言えば、図形（□）の数が増えていったときに、辺の重なりを1本も残さない問題、1本だけ残す問題、場合によっては全部残す問題という関係に着目することです。そのように数学を創っていくことが大切なのです。

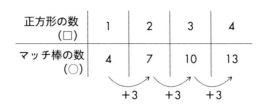

全部残す場合は比例関係になって、全部で何本使うかというと、4、8、12……となります。また、1本ずつ残すとなると、4、7、10……となります。さらに、1本も残さないとなると、4、6、8……となります。

このようにして、一連の問題の構造を教師が理解した上で、これをどのように数学らしく追究していくかという視点から素材を研究していくことになります。

数学的に追究していくとはどういうことか、問い続けるとはどういうことか、これを問い続けて、そこに関心をもちながら教師もともに問い続けていくことになります。

このように授業を組織していくことが求められます。そしてそれにチャレンジしていくことです。これはやった人でないとわかりません。当事者である先生、そして一緒に共同研究している先生方にしかわからない大事な財産になるはずです。

関数を学ぶ単元を創る

単元をいかにつなぐか―簡単な比例―

5年生では「簡単な比例」を扱います。この「簡単な比例」は、6年で扱う比例とは何が違うのでしょうか。また、そもそも比例に関する内容はいつの段階から始まっているのでしょうか。

比例の素地ということから考えれば、1年生から始まっています。例えば、60とはどのような数として捉えられるでしょうか。1年生のときに、子どもたちは10が6つ分だと学びます。10、20、30、40というのは、10が1個、2個、3個、4個といった具合にです。これは比例の素地的な見方と言えるでしょう。

次に2年生になると、かけ算を学習します。かけ算は、かける数が2倍、3倍になると、積も2倍、3倍となります。これも比例の考えが土台にあります。

4年生になると、これまでに確認してきた乗除法の意味や小数倍、簡単な割合を学習します。さらには、面積等の問題解決の活用で比例の基本的な考え方も学ぶことになります。求積公式の縦×横は比例関係を表現しています。一方の辺が2倍、3倍になると面積も2倍、3倍になります。縦の長さが一定で横の長さが増える場合、横が増えた分だけ面積も増えます。これは商一定となりますが、このときの比例定数は縦の数値です。

比例というのは、いろいろな側面から眺めることが大切です。かけ算の場面を表現しているようですが、その関係をわかりやすく表現するにはわり算も用いることになります。これらの関連をつかんでいくことがポイントとなるでしょう。中学校数学で比例において$a=\frac{y}{x}$の意味の理解などを深めていく上でも重要です。

さて、5年と6年の比例の関連についてです。この二つの学年では何が違うのでしょうか。

6年では、5年での学習に加えてグラフと分数倍について取り扱われます。なぜ5年ではグラフを用いることをしないのでしょうか。その鍵は、分数倍にあります。小数倍だけだと、有理数の世界が保証されないので、グラフ上の点が十分に打ちきれないのです。0・333……となったときに正確な位置に点が打てないということです。

一方、分数倍を含めて取り扱うことができれば、ある程度稠密性が認められるようになり、グラフの点をすべて打てるとみなすことができるようになります。このような数学の問題が背景にあって、6年まで比例でグラフを用いた問題解決ができないわけです。

そのような意味からも、5年で行う「簡単な比例」とは比例の一歩手前といったところでしょうか。厳密に言えば、無理数について学習する中学校3年まではその課題は解決はしないのですが、小学校では比例とみなして位置付けています。ここについては、後の実践で解説します。数学的な内容の解釈や系統性を意識しながら授業を組み立てていくと、それぞれの学年で何を学ぶ必要があるのかがわかってくるはずです。

さて、5年の「簡単な比例」の多くは小単元として扱っていますが、できれば面積や体積など、他の単元の中に組み込んで指導すると理解しやすいでしょう。

前章でも述べましたが、単元をいかに創るかです。私たちは指導の内容がパッケージ化された「教材単元」に慣れてしまっているため、資質・能力の育成の系統に意識が向かないことが多いです。教科書の指導書などでは、単元の配列と系統が書かれていますが、関連する指導内容をつなげていることが多いようです。**教科書通りに単元をこなしてさえいけば、子どもの資質・能力を意図的かつ計画的に育成していくことにつながるとは言い切れない**わけです。

実際、教科書では「数と計算」の後に「測定」の勉強など、一つの単元が終わると全く違う内容に入っていったりしますが、これからのカリキュラムづくりは、資質・能力ベイスの視点から考えていくことが期待されています。比例の内容で言えば、関数の見方・考え方が小学校算数の学びの中でどのように成長していくのかという視点で考えることが大切でしょう。単元のまとまりを意識しながら関数の見方・考え方をいかに成長させていけばよいかという視点から、教材研究をしたり授業展開を考えたりすることが求められるでしょう。

面積や体積の単元などで、小数倍を含んだ比例の場面を取り扱います。何ができるようになったかを子どもが自覚できるように、4年で学んだ小数倍をいかして、5年の比例の場面を考えることも必要でしょう。

例えば、牛乳パックの体積で考えてみましょう。

牛乳パックは底面が7cm×7cmで、高さが約20㎝となっています。つまり、1L

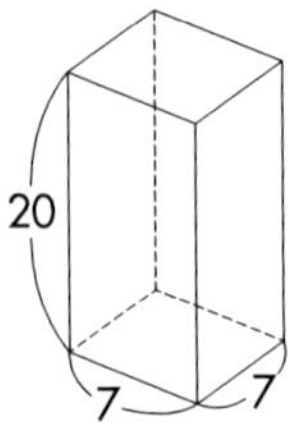

1L = 1000mL

÷5
×5

体積	200	400			1000
高さ	4	8			20

×5
÷5

（1000mL）です。底面を50㎠とした場合、次の問題を出します。

「この牛乳パックが透明だったとします。このとき400mL飲みたいと言ったら、どうしますか」

表にすると、上が体積で、下が高さになります。体積が1000mLのときは高さが20cmの場合、仮に200mL飲みたいとすれば、高さは4cmとなります。体積が5倍なので、高さも5倍ということです。

このように表をつくっていくと、400mLではどうでしょうか。小数倍として2.5倍が出てきます。つまり、÷2.5で400mLですから、高さは20÷2.5＝8で8cmとなります。

200mLの高さとして4cmがわかっていれば、比例関係を使って8cmはすぐに出ます。底面が一定で高さと体積が関数関係にあるので、比例を使えば問題解決できます。問題解決の過程で比例のよさを感じると、子どもはそれからの問題解決においても比例を使うようになります。

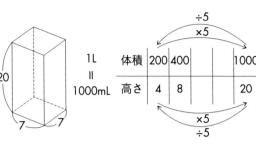

このように、既習をいかしながら学びをつないでいくと、6年生の比例で学習すべきことがわかりやすくなります。資質・能力ベイスで教材を見ることによって、これまでとは違った授業を組み立てていくことができるはずです。

中学校数学との接続を考える―比例とみなす―

関数指導を考えていく上でもう一つ注目したいことが、中学校数学との接続です。最近は、小学校の授業研究会に中学校の先生も多く参加されます。それは中学1年の比例から始まって、中学2年の一次関数、そして中学3年の $y=ax^2$ などの関数指導について、小学校からの接続が重要だということを理解されているからでしょう。接続の大切さに関心が向いているわけです。

第6学年の比例において指導したいことの一つに、「みなす」ということがあります。事象を比例とみなしていいかどうかということです。これは批判的思考にもつながるものです。6年生の子どもたちには、**常に批判的に思考することの大切さを身に付けてほしい**と思います。学習指導要領には、「データの活用」のところで取り上げられていますが、何もそこだけに限ったことではありません。あらゆる学習場面で自分の仕事に責任をもつという意味でも大切なことです。

子どもたちが比例とみなしていいと思うかどうかの意見を交わすことの鍵となるのは、表を用いて数量の特徴をいかに観察するかでしょう。以前、中学校で比例とみなす授業を参観したときのことです。ある生徒が「これは比例関係にはなっていません」と言い続けていました。表でもグラフでも比例はしていないというのが理由です。結局、先生は授業の後半までめあてを提示することができませんでした。

この生徒が比例していないと言い続けたのには理由があります。小学校では、比例というのは一方が2倍、3倍すれば、他方も2倍、3倍するということを教えられているので、子どもはそれを忠実に守っているわけです。

では、中学校の授業につなげていくためには、小学校ではどのような授業をしていけばよいのでしょうか。

6年生の比例の単元です。問題は「ある学級でペットボトルのキャップ集めをしています。今年一年間で120kg集めたい、それが実現可能かどうか」というものです。

ここで押さえておきたいことは、**達成できるかどうかを判断するときに、何を用いるのか、そしてそれをどのように用いるのかを子どもたちに問うこと**です。関数指導で大切にしたいことは、数量の関係に着目するということですから、問題解決に必要となる2量とその関係の比較の仕方に子ども自らが関心をもたないといけません。

既に毎月収集しているのであれば、子どもたちは、これまでのキャップの量や月ごとの収集量が知りたいと言うでしょう。今まで、どのようなペースでペットボトルのキャップが収集できているのかが知りたいからです。

なぜそのようなことが知りたいのかと問えば、それによって残りの数ヶ月で目的を達成できるかどうか予測することができるといった返事が来るはずです。問題を提示した後、関数関係にあるかどうかを調べて何をするのか、という仕事の目的を確認することが重要です。ここが抜けてしまうと、子どもたちは何のために調べるのか、目的が曖昧になってしまいます。

授業では、最初の半年分のキャップを集めたデータを提示します。

中学校の関数指導では、表、グラフ、式を目的に応じて用いて問題解決をします。測定値を多面的に分析するためにそれらの用い方も工夫します。小学校算数の関数指導におい

月数	1	2	3	4	5	6	
キャップの重さ (kg)	16	29	43	48	66	75	

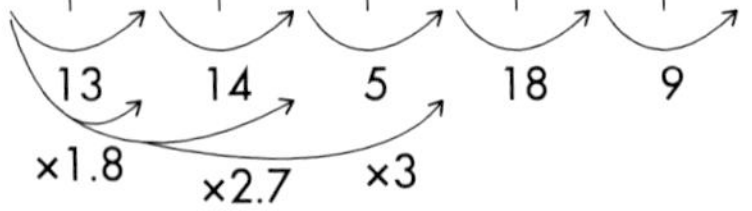

ても表を有効に活用するようにしたいものです。

表からは何が見えるでしょうか。子どもたちが気付くことは何でしょうか。

まずは、1ヶ月ごとに収集した量の増え方でしょう。最初が16、次が13、その次が14、5、18、9と増えています。では、ここで何が見えてくるでしょうか。どのように増えていると感じているかです。

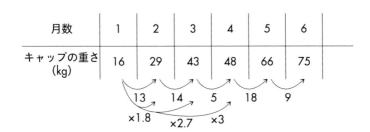

子どもの言葉を取り上げると、「ガチガチになっている」「デコボコ」などと言っていました。決して安定したペースで集められていないことに気付いたわけです。

3ヶ月目までは順調に集まっていますが、4ヶ月目以降は急に不安定になります。表の上は2倍、3倍、4倍となっていますが、下は1.8倍、2.7倍、3倍です。つまり、回数が2倍、3倍になっても、集まるキャップの量は2倍、3倍にはなっていません。ですから、この表を見ると比例していないということがわかります。
3ヶ月目まではどんどん集まります。ここまでのペースはどのくらいと言えるのでしょうか。子どもに尋ねると、平均を出して説明します。前半3ヶ月の平均は、14・3kgです。しかし、後半3ヶ月の平均はと言うと、10・7kgです。確実にペースダウンしています。これを見た後、子どもたちはますます比例していないと指摘しました。この問題には、比例が使えないと言う子どもも出てきました。当然のことです。

ここが指導のポイントです。**子どもたちにはこの表からは比例とみなせないのかと考えさせます。**というのも、中学校ではここから単純化、理想化していく作業に入ります。ですから、それを小学校でも子どもたちに試みさせてみようというわけです。

実際には比例していないけれども比例としてみるということは、子どもにとってはなかなか難しいことです。ちなみに、「みなす」という言葉は、学習指導要領（303頁参照）には記載されていません。比例の関係ではないけれど、「比例の関係にあるとみる」となっています。

子どもたちはなんとなくデータを見て、予測できると思っていたのに、表にしてみたら比例でなく予測しづらいことがわかってしまいました。前半と後半に分かれて、どうも二つのペースがあるということにも気付いたわけです。

子どもたちにとって折れ線グラフは既習ですから、表に見えたことを折れ線グラフに表すようにします。表とグラフはセットで勉強した方がいいでしょう。グラフにすると前半と後半の傾向がつかめます。どんどん増えている前半は右肩上がりのグラフ。あまり増えていかない後半は傾きが緩やかなグラフです。このようなグラフの形状に子どもたちが着目することで特徴を判断することが大切です。

関数指導の基礎を学習してきているわけですから、最初に表で表したら、次はデータの関係をグラフに表します。キャップの重さそのもののデータは測定値ですから、それをグラフに表すわけです。グラフに表したら何か関係が見えてくるかもしれません。

どうでしょうか。子どもはここから将来を予測することはできないでしょうか……。よく見ていると、できそうです。このような**数学らしい思考のプロセスを用意してあげることが重要であり、これが中学校数学の関数の指導とつながっていきます。**

中学校1年のことを頭に入れながら指導するときには、「表でかいたものをグラフに表すとどんな関係が見えてくるだろうか」という流れを、子どもたちに経験させておくようにしたいものです。

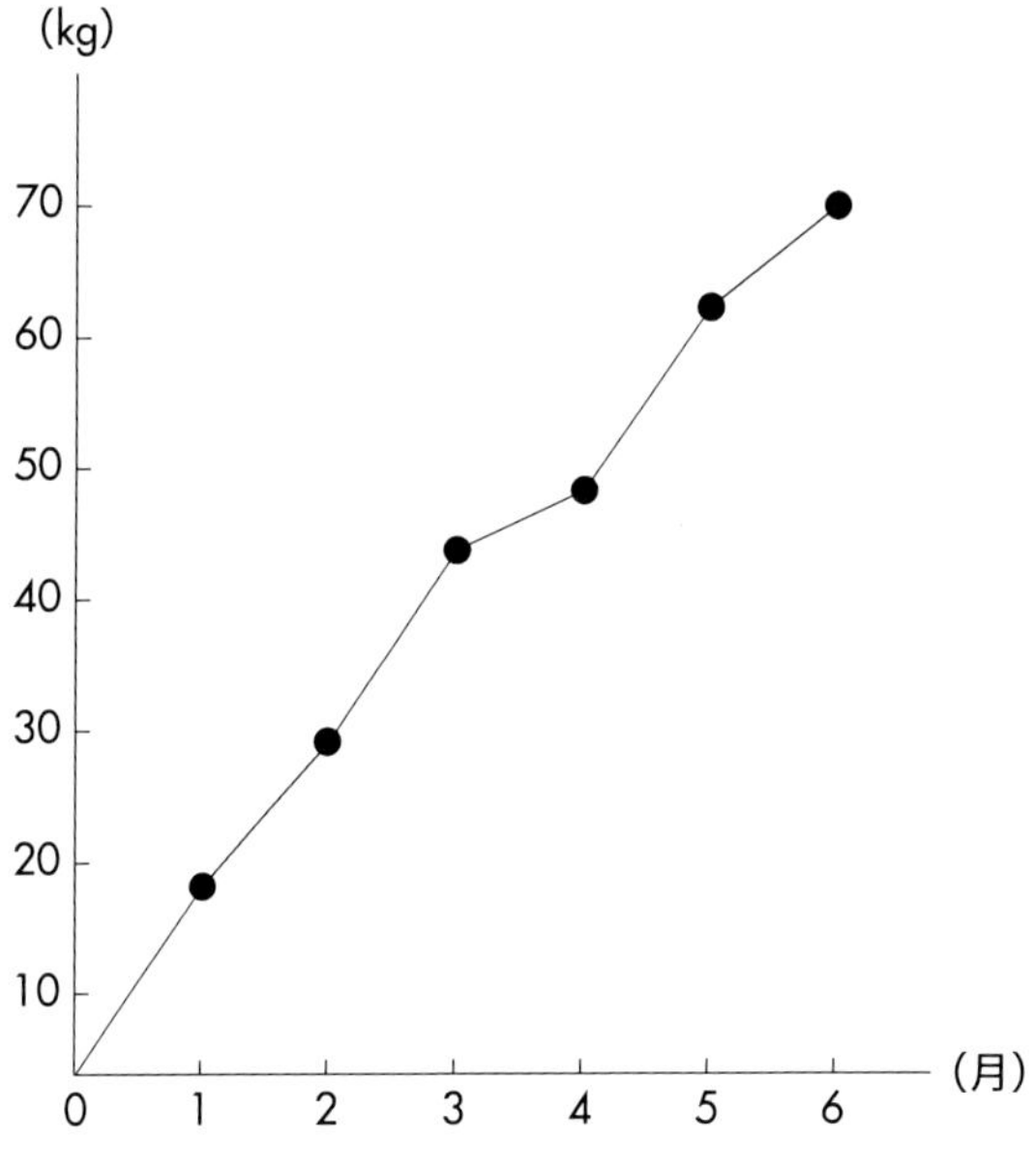
(kg)
70
60
50
40
30
20
10
0
1
2
3
4
5
6
(月)

さらに、子どもたちには表をかかせた後、そこからどんなグラフになるかを想像させます。子どもたちは「3回目までは直線に近い感じになる」とか「3回目からはガタガタになる」「ペースダウンする」などと、直感的に感じたことを次々に口にします。

ペースダウンというのは、どういうことでしょうか。グラフの傾きが緩やかになっていくであろうとグラフをかく前に皆で予測していくわけです。

実際にグラフにかいてみると、その関係が正しいことがわかります。前半の平均は約14kgですから、14kgずつ増えるようにドットを打って右肩上がりのグラフをかきます。次に、後半の平均となる11kgでグラフをかくと、傾斜が緩やかなグラフができます。

この二つのグラフの間、つまり平均12・5kgで増えていくことが見えてきます。本当に12・5でいいのかどうかというのは、こうやって分析することで初めて見えてくるわけです。逆に言うと、ここまで掘り下げていかないと子どもたちに特徴や傾向は見えてきません。

最初の直線は前半の調子がいいときで、もう一つの直線はペースダウンした後半です。キャップの増え方は、この間で推移することが予想できると判断していったわけです。

しかし、大事なのは何よりも、平均12・5kgの直線を引いていいかどうかです。これ

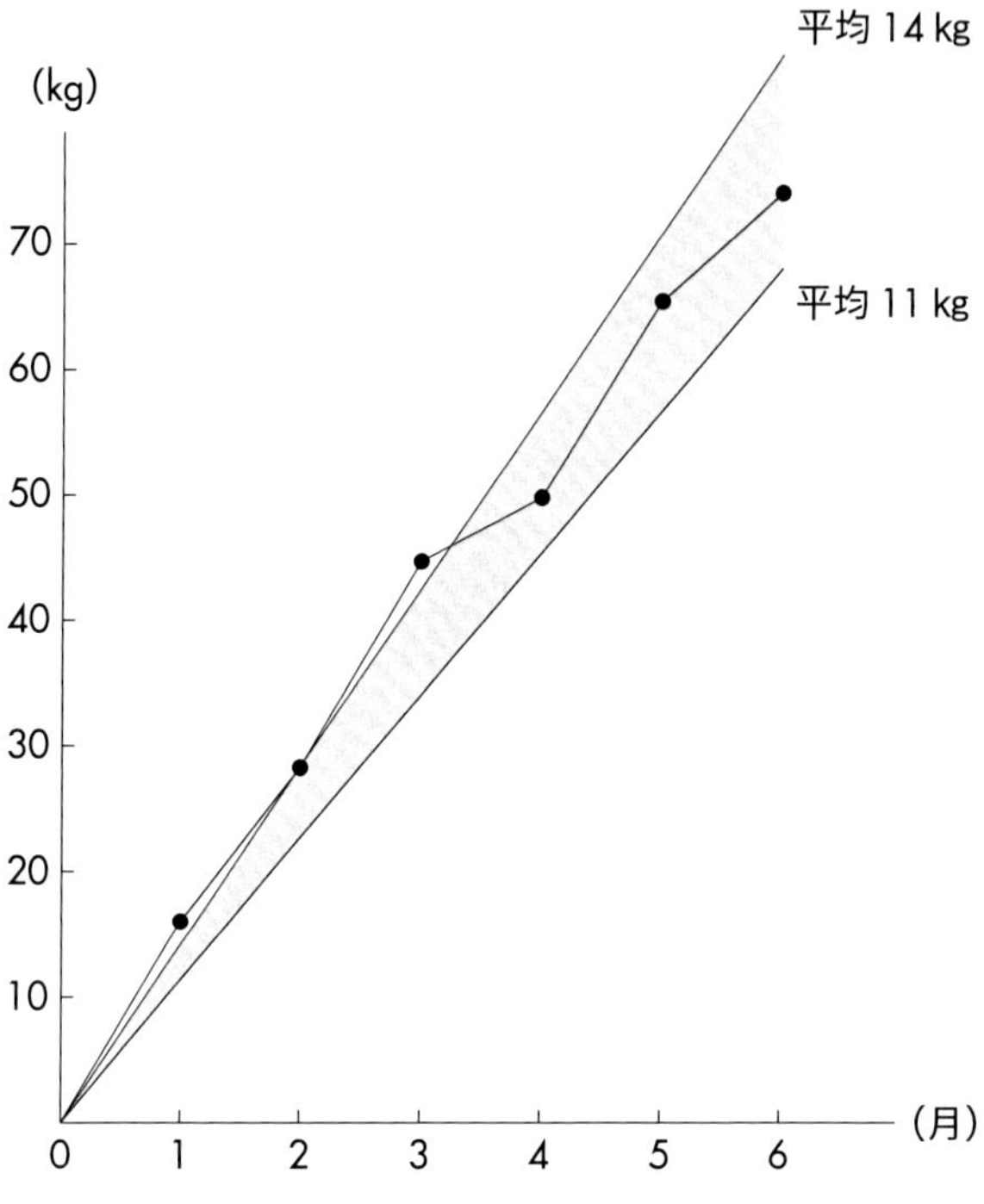
平均 14 kg
(kg)
70
60
50
40
30
20
10
0
1
2
3
4
5
6
(月)
平均 11 kg

が、この授業の一番の肝と言っていいでしょう。

子どもたちからすれば、どうしてこの直線を引いていいのかと思うでしょう。もともと平均12・5kgの直線は、折れ線だったはずです。右上がりではあるけれど、デコボコしています。これを直線にしてしまっていいのかという疑問が浮かびます。

もう一つは、この折れ線グラフは4年生の気温のように下がることはありません。ペースこそ変わりますが、右に上がっていきます。なぜなら、一定量溜まっていくからです。つまり、右に上がっていく中で、その可能性の範囲はどこまであるのかという問いです。グラフにしたことによって、絶対ではないがなんとなく将来の測定値の予測がつきそうなところを考えればいいということがわかるのです。

問題は、どのあたりに線を引くかですが、前半14・3kgを14kgにして、後半10・7kgを11kgにして考えたときに、なんとなくこのあたりに行きそうだという予想が立つ。それが、12・5kgの直線なのです。

グラフの0の位置に画鋲でひもを刺して14kgと11kgの間を動かしてあげると、12・5kgのあたりがちょうどいいのではないかと、子どもたちは結果をイメージしていくことになります。

これが納得解です。子どもたち皆が納得できる解です。**残りの半年で絶対にこの数になるとは断言できないけれど、大体これくらいになるのではと予測することができること**が、この授業の肝となります。

「同じペースで集まれば、どれくらいの数になりますか」という問いに対して、今回は二つのペースがありました。ですから、子どもたちに「同じペースで集まるというのはどういうことかな」と問いかけてもすぐに答えられないでしょう。その場合は、「グラフで言うとどういうことかな」と聞き返してあげます。

すると、直線であればということが見えてくるはず。同じペースというのは、直線でずっと行くということです。

では、グラフが直線というのはどういうことでしょうか。このあたりは、子どもたちにとってはまだ相当に難しいかもしれません。ですから、授業でも「比例というのはどういうことか」「比例なのか、比例ではないのか」を行ったり来たりしながら進めていくほかありません。

前半のペースの直線と後半のペースの直線の間が、キャップが集まるペースです。そして、この関係が比例です。グラフが直線であれば、比例関係になるので予測ができるということです。

現在の小学校においては、ここまでの教材は取り扱うことはしません。というのも、小学校の学習指導要領に書かれているのは、「厳密に考えれば比例の関係ではないが、比例の関係にあるとみること」程度だからです。

ですから、授業では画鋲や釘、紙を使った教材が多いわけです。これは誤差が少ないからです。グラフにすればほぼ直線です。

一方、ここで紹介した教材は比例とは程遠いものです。一直線にならないわけですから、子どもたちもなかなか比例とは言わないでしょう。しかし、きちんと分析し、比例としてみることで、どんなペースでキャップが集まるのか予測することができました。つまり、グラフの傾きを決めることができたわけです。

日常では、これくらい誤差だらけの事象は数多くあります。そういった事象をあえて取り上げ、**「比例として事象を捉える」ことでその先を予測できるようにすることはとても大切**です。中学校でもなかなか難しいかもしれませんが、この先の社会で生きていくことを考えると、これくらいチャレンジングな授業をしてもいいのではないでしょうか。

おわりに―算数の授業づくりの「不易と流行」―

本書では、新課程に基づいて「数学的な授業を創る」ために取り組むべきことを述べてきましたが、最後に教科目標が目指すこれからの算数教育で大切にしていきたいことを、第1章で提案した「授業改善に必要な三つのポイント」に沿って確認したいと思います。

まず、一つ目は、**「数学的な見方・考え方」の価値を改めて見極める必要がある**ということです。これ自体は決して新しいものではなく、これまでも算数・数学教育において重視され、そして追究されてきた教科の本質です。新しいことではないのだけれども、これまでの内容ベイスでの算数の授業づくりにおいてはなかなか見えにくく、いつの間にかその価値を論じることが少なくなってしまったという現状があったのではなかったかと思います。算数の本質を追究する資質・能力ベイスの授業を創り上げていくためには、改めてそれを基軸に据えていくことが必要だと言えるでしょう。

三十数年前になりますが、当時勤務していた横浜市立三ツ沢小学校において伊従壽雄校長先生に授業研究の場で数学的な価値についてご指導いただいたことを覚えています。数学的な価値として、一つ目として「**数学の内容そのものの価値**」、そして二つ目として「**数学的な考え方や表現・処理に関わる価値**」、さらに三つ目として「**人間形成上の価値**」を明らかにすることの大切さをご指導いただきました。数学の内容を理解する上での価値、数学という教科教育を学んでいく上での価値、そして社会生活を営む上での価値とも言い換えることができます。

またこれらは、新課程における三つの柱の数学的に考える資質・能力—知識・技能、思考力・判断力・表現力等、学びに向かう力・人間性等—にも置き換えることができます。算数・数学という教科が大切にしてきた数学的価値を、これからの算数・数学の授業づくりに取り組む際に再度確認することが必要だと思います。それを意識した上で、算数の眼鏡をかけていかに事象に着眼するのか、またいかに事象と数学らしく付き合っていくのか、どのような解決への追究姿勢がとれるのかが重要だと言えるでしょう。

「能力」は「内容」の深い理解に支えられています。問題解決に本当に使える知識・技能になっているのか、算数・数学固有の知識・技能を意味的に理解しているのかどうかが鍵になると言えます。この知識・技能はどのような場面に使えて、どのような場面で役立つのかということを本当に実感しているかどうかです。意味的理解を伴っていないから使えないわけです。そして、それらを数学的な思考・判断・表現の場で活用できるということが重要です。

さらに三つ目の柱としての学びに向かう力・人間性といかに向き合っていくか、自らが導き出した結果にどう責任をもつのか、そして常によりよいものを求め続けて止まない態度を育てることも重要です。

三つの柱が目指していることは、今までの算数・数学でも大事にしてきたことではあるけれども、今、改めて数学的な価値の再認識と具体化が要求されているのだと思います。

二つ目は、**数学的な見方・考え方を基軸に据えた数学的活動を徹底する**ことです。子ども自らが進んで数学の価値に出会い、それを実感し、納得するためには、学習対象への着眼点と対象への関わり方とアプローチの仕方を、日々の実践を通して繰り返し経験させる以外ないからです。小学校の算数の日々の授業を数学的活動で構成していくことが求められているということです。

さらに、数学的活動を子ども自身が推し進めていくことが期待されています。先生は

「子どもにやらせている」つもりだけれども、先生が「連れ回す」という数学的活動になってしまうのではいけません。焦点化した数学的に価値ある問うべき問いを位置づけ、子どもとのコミュニケーションを充実させながら数学的に考える文脈を共に描いて、学びの価値の獲得に向けて教師がいかに意志決定をしながら授業コントロールしていけるかが、これまで以上に重要になるだろうと思います。

最後の三つ目は、**「数学的な見方・考え方」の明示的指導の充実**です。「数学的な見方・考え方」を自ら働かせる子どもにするためには、常に「数学的な見方・考え方」を顕在化させるとともに、その価値を自覚化させることが欠かせません。

例えば、「ああ、また結果的には同じようなことだ」と言えるような子どもを育てていくことです。そして3年生の子どもだったら、「先生、なんだかかけ算のやり方って、毎日同じようなまとめになっているね」と言えるように指導を積み重ねていくことです。先生も「どうだ、もうこのくらいであとはみんなで考えられるかな」と言えるようになれば、そこには互恵的な関係が成立します。学習過程の振り返りによって子ども自らが「数学的な見方・考え方」の成長を実感していけるような授業を創っていくことが期待されているわけです。

資質・能力ベイスで学びを創るという新課程の理念を常に意識し、その一方でこれまでの算数・数学が大切にしてきたことの価値を日々の実践に位置付けながら「数学的な授業を創る」ということが求められていると言えるでしょう。

2021年2月

齊藤 一弥

引用・参考文献

文部省、昭和26年改訂版 小学校学習指導要領 算数科編（試案）、1951年
文部省、小学校学習指導要領解説 算数編、1999年
文部科学省「育成すべき資質・能力を踏まえた教育目標・内容と評価の在り方に関する検討会―論点整理―」2014年
文部科学省「幼稚園，小学校，中学校，高等学校及び特別支援学校の学習指導要領等の改善及び必要な方策等について（答申）（中教審第197号）」2016年
文部科学省、小学校学習指導要領（平成29年告示）、2017年
文部科学省、小学校学習指導要領解説（平成29年告示）算数編、2017年
国立教育政策研究所、平成27年度全国学力・学習状況調査報告書 小学校算数、2015年
垣内賢信訳、G．ポリア『いかにして問題をとくか』丸善、1954年
小林秀雄・岡潔『人間の建設、新潮社』1966年
和田義信編著『考えることの教育』第一法規、1977年
伊藤説朗・伊従壽雄編『授業に生きる教材研究 小学校算数科1・2年 他』明治図書、1982年
杉山吉茂『公理的方法に基づく算数・数学の学習指導』東洋館出版社、1986年
横浜市立三ツ沢小学校『みんなが答えを出せる算数の授業』明治図書、1986年
杉山吉茂『初等科数学科教育学序説 杉山吉茂講義筆記』東洋館出版社、2008年
奈須正裕・久野弘幸・齊藤一弥編著『知識基盤社会を生き抜く子どもを育てる コンピテンシー・ベイスの授業づくり』ぎょうせい、2014年

奈須正裕・江間史明・鶴田清司・齊藤一弥・丹沢哲郎・池田真編著『コンピテンシー・ベイスの授業づくり』図書文化、２０１５年
齊藤一弥編著『「数学的に考える力」を育てる授業づくり』東洋館出版社、２０１５年
齊藤一弥「思考をアクティブにする授業とは」ぎょうせい、新教育課程ライブラリVol.1 22-25.、２０１６年
清水美憲・齊藤一弥編著『平成29年版 小学校新学習指導要領ポイント総整理 算数』東洋館出版社、２０１７年
齊藤一弥編著『小学校新学習指導要領の展開 算数編』明治図書、２０１７年
齊藤一弥編著『平成29年改訂 小学校教育課程実践講座 算数』ぎょうせい、２０１８年
齊藤一弥・高知県教育委員会編著『新教育課程を活かす 能力ベイスの授業づくり』ぎょうせい、２０１９年
東京書籍『新しい算数 4上』『新しい算数 5下』２０２０年

著者紹介

齊藤 一弥（さいとう かずや）

島根県立大学人間文化学部教授

東京都出身。横浜国立大学大学院教育学研究科修了。横浜市公立学校教員（横浜市立三ツ沢小学校等）、横浜市教育委員会授業改善支援課首席指導主事、指導部指導主事室長として「横浜版学習指導要領」策定、横浜型小中一貫教育等の企画・推進などに取り組む。平成24年度より横浜市立小学校長を経て、平成29年度より高知県教育委員会事務局学力向上総括専門官。平成30年10月より現職。

文部科学省中央教育審議会教育課程部会算数・数学ワーキンググループ委員、学習指導要領等の改善に係る検討に必要な専門的作業等協力者（小学校算数）、小学校におけるカリキュラム・マネジメントの在り方に関する検討会議協力者。

主な編・著書に『「数学的に考える力」を育てる授業づくり』『小学校新学習指導要領ポイント総整理 算数』（東洋館出版社）、『算数 言語活動 実践アイディア集』（小学館）、『シリーズ学びの潮流4 しっかり教える授業・本気で任せる授業』『小学校教育課程実践講座・算数』『新教育課程を活かす能力ベイスの授業づくり』（ぎょうせい）などがある。

数学的な授業を創る

2021（令和３）年３月30日　　初版第１刷発行
2024（令和６）年８月７日　　初版第２刷発行

著　者　齊藤一弥
発行者　錦織圭之介
発行所　株式会社　東洋館出版社
〒101-0054　東京都千代田区神田錦町２丁目９番１号
コンフォール安田ビル２階
代　表　電話 03-6778-4343 ／ FAX 03-5281-8091
営業部　電話 03-6778-7278 ／ FAX 03-5281-8092
振替　00180-7-96823
URL　https://www.toyokan.co.jp

装　丁：水戸部功＋北村陽香
印刷・製本：藤原印刷株式会社

ISBN978-4-491-04378-4　　Printed in Japan

JCOPY 〈㈳出版者著作権管理機構 委託出版物〉
本書の無断複写は著作権法上での例外を除き禁じられています。複写される場合は，そのつど事前に，㈳出版者著作権管理機構（電話 03-5244-5088，FAX 03-5244-5089，e-mail:info@jcopy.or.jp）の許諾を得てください。